はじめて相続を扱う税理士のための

# 相続税申告に係る資料の収集と分析

第3版

アクタス税理士法人
税理士 中島朋之 著

税務経理協会

# 第3版刊行にあたって

　2015年の相続税の基礎控除の引下げから約10年経過しましたが、結果当初想定されていた以上の相続申告件数となり、申告件数は基礎控除の引下げ前と比べて倍以上になっています。特に東京国税局管内では、2023年中に亡くなられた方の人数約32万人に対して、相続税の申告書の提出に係る被相続人の数は約5万人弱で15.4％となっています。このような中、2018年に本書を発行しました。増加した相続税申告案件について、今まで業務に携わったことがない税理士の先生や事務所の職員の方向けに、相続業務の特徴やアプローチ、実際の資料のサンプルを見ながら読み方などを重視した内容にした構成にしましたが、おかげさまで第3版を発行するまでに至りました。この場をお借りして、読者の皆様に心から感謝申し上げます。

　相続分野の最も大きな特徴は、法人のように取引を記録していく帳簿が求められないため、相続時点の財産をいかに正確に把握していくかという点になります。不明な点に関して被相続人にはもう聞くことができない状況ですので、申告書作成までのアプローチはもちろんのこと、遺産分割の対象となる財産の発見方法や相続人にどのように確認するかなどを事前に知っておく必要があります。相続は一生に1度か2度くらいしか経験しないため、相続人は手探り状態のことも多く、手続き等に関する質問もよく受けることになります。

　相続税の計算に関しては、各種資料が出そろえば1つ1つ作業を進めることもできますが、その前提となる資料の集め方や読みこなし方、まずどういうアプローチから進めるべきかなどについては、初めてだとなかなかコツがわからないことも多く、この点が、実務に慣れていないと積極的に携わりにくい大きな要因であると思います。

本書においては、これらの問題をできる限り解決できるように、相続財産のアプローチに関するヒントや、相続財産の中でも多くの人が所有する不動産、預金等の資料の集め方や分析の方法を中心に説明しました。相続業務にとりかかる上で入り口となる最も大切な内容を把握していただきたいとの思いのもと、執筆を進めました。今まで相続業務に携わったことがない読者の方だけでなく多くの方の参考になれば幸いです。

　相続税の課税対象者が増加したこともあり、ここ数年で相続に関する問題は世間的な注目を浴びることが増えました。その中で民法の改正や相続登記の問題、それに伴う戸籍関係の証明に関する制度の改正など、今まで相続において手間がかかったり、問題となるべき論点について、より解決しやすいような制度が構築されてきました。第3版では、これらの制度の説明等を追加しました。一方、いわゆるマンション評価や総則6項の取扱いなど相続税に関しては、本書の趣旨からあまり多く紹介できなかった部分もありますので、内容については忌憚のないご意見等をいただければ幸いです。

　最後になりましたが、本書刊行にあたりまして、最初にこの趣旨にご賛同いただき機会を与えていただきました株式会社税務経理協会の編集部の中村謙一氏をはじめ、編集部の皆様にこの場をお借りして心から感謝申し上げます。

2025 年 4 月
アクタス税理士法人
中島　朋之

# Contents

第3版刊行にあたって

## 第1章　資料を読み解くための心構え

### ■1 相続案件を扱うにあたって　*2*

**1** 相続案件の特色　*2*
**2** 税理士としての立場　*2*
**3** 最初の面会時の心構え　*3*
**4** 相続財産の確認の前に行うこと　*4*
**5** 相続人の心理　*4*

### ■2 被相続人についての確認　*7*

**1** 被相続人の生い立ち・学歴・職歴　*7*
**2** 被相続人の財産形成の理由　*7*
**3** 被相続人の趣味や性格　*8*
**4** 被相続人の住所の変遷　*9*
**5** 被相続人の病歴　*9*
**6** 被相続人の財産管理　*10*

### ■3 相続人への質問　*12*

**1** 相続人への確認項目　*12*
**2** 被相続人の自宅を拝見　*13*
**3** 質問リストの活用　*14*

## 第2章　相続人の確定

### ■1 相続人と相続分　*18*

**1** 相続人の確定の必要性　*18*
**2** 相続人の範囲　*18*

**3** 代襲相続　*19*

**4** 放棄と限定承認　*20*

**5** 限定承認　*21*

**6** 相続の放棄　*21*

**7** 特別寄与料制度の創設　*23*

## 2 戸籍謄本の取得と読み方　*25*

**1** 戸籍の確認　*25*

**2** 戸籍の改製　*26*

**3** 除籍と改製原戸籍　*27*

**4** 戸籍のルール　*27*

**5** 親族関係図と戸籍のイメージ　*28*

**6** 戸籍の附票　*42*

**7** 戸籍等の取得と職務上請求　*45*

**8** 戸籍証明書等の広域交付　*47*

**9** 法定相続情報証明制度　*47*

## 3 遺言書の確認　*51*

**1** 遺言の効力　*51*

**2** 自筆証書遺言　*51*

**3** 公正証書遺言　*53*

**4** 公正証書遺言の存否の確認方法　*54*

**5** 自筆証書遺言に関する法式緩和　*59*

**6** 自筆証書遺言の保管制度の創設　*66*

**7** 遺言がある場合の資料収集　*69*

**8** 遺留分制度と遺留分侵害額請求　*70*

## 4 遺産分割協議書　*72*

**1** 遺産分割協議書とは　*72*

**2** 遺産分割の方法　*76*

**5** 配偶者居住権　*78*

  **1**　配偶者居住権の創設　*78*

  **2**　設定における留意点　*79*

**6** 名義変更手続き　*80*

  **1**　名義変更手続きの必要性　*80*

  **2**　必要書類　*80*

  **3**　相続登記の義務化　*81*

## 第3章　財産の確定

**1** 財産の全体像を把握する　*90*

  **1**　残された財産とは？　*90*

  **2**　財産の増加原因と確認方法　*91*

  **3**　被相続人の歴史を時系列に並べる　*92*

  **4**　過去10年の動きは特に注意　*92*

  **5**　金庫の確認　*93*

  **6**　成年後見制度　*94*

**2** 預貯金等の資料　*98*

  **1**　残高証明書の必要性　*98*

  **2**　預貯金通帳と取引明細書　*99*

  **3**　資料の入手方法　*99*

  **4**　資料の入手の際の実務上のポイント　*100*

  **5**　預貯金の分析と通帳から読み取れること　*100*

  **6**　名義預金の確認　*114*

  **7**　ネットバンク等の取扱い　*116*

  **8**　預貯金口座付番制度　*117*

# 3 不動産の資料　*119*

**1** 所有不動産の確認　*119*
**2** 不動産権利証　*120*
**3** 固定資産税課税明細書　*121*
**4** 所在場所からの不動産の確認　*123*
**5** 名寄帳の取得　*124*
**6** 固定資産税評価証明書　*126*
**7** 基本資料の収集　*126*
**8** 登記事項証明書（登記簿謄本）の取得　*126*
**9** 公図とブルーマップ・住宅地図　*135*
**10** 地積測量図の取得　*139*
**11** 建物図面の取得　*141*
**12** 基本資料の取得方法　*142*
**13** 路線価図・評価倍率表　*143*
**14** 建築基準法上の道路　*147*
**15** その他の図面の取得　*153*
**16** 都市計画関連の情報　*158*
**17** 現地確認の方法　*161*
**18** 現地確認からわかることが多い論点　*162*
**19** 小規模宅地等の特例　*167*
**20** 地積規模の大きな宅地　*175*
**21** マンション評価　*179*

# 4 有価証券の資料　*180*

**1** 証券会社等を通しての取引　*180*
**2** 評価に必要な資料　*180*
**3** 残高証明書の入手　*181*
**4** 過去の取引の確認　*181*
**5** 四半期等の報告書の確認　*183*
**6** 証券口座で管理していない有価証券　*183*
**7** 株主総会招集通知や配当金通知書による確認　*184*
**8** 開設している証券会社が不明の場合　*185*
**9** 投資信託の評価　*185*

**10** 債券の評価　*188*

**5**　**生命保険等の資料**　*189*
　　**1**　保険契約内容の確認　*189*
　　**2**　生命保険契約に関する権利　*190*
　　**3**　保険金受取人における税務の取扱い　*191*
　　**4**　給付内容の確認　*192*
　　**5**　団体信用生命保険の取扱い　*195*
　　**6**　名義保険の確認　*196*
　　**7**　定期金に関する権利　*196*

**6**　**所得税確定申告書**　*198*
　　**1**　収支内訳書・青色申告決算書　*199*
　　**2**　貸借対照表のポイント　*200*
　　**3**　減価償却費の計算明細のポイント　*202*
　　**4**　財産債務調書と国外財産調書　*203*
　　**5**　過去の申告書の閲覧　*210*

**7**　**贈与税申告書**　*214*
　　**1**　贈与税申告書の確認と贈与の事実　*215*
　　**2**　相続時精算課税制度　*216*
　　**3**　贈与税申告についての開示請求　*217*

**8**　**その他の資産の確認**　*221*
　　**1**　宝石類や書画骨董などの評価　*221*
　　**2**　車両の評価　*221*
　　**3**　ゴルフ会員権の評価　*222*
　　**4**　相続開始後の入金　*223*

**9**　**債務の確認**　*224*
　　**1**　未払所得税・住民税・消費税の確認　*224*

**2** 未払固定資産税等　　*225*

**3** 未払社会保険料等　　*226*

**4** 未払金の確認　　*226*

**10** **葬式費用**　　*228*

**1** 火葬までの期間における費用の取扱い　　*229*

**2** 初七日以降の取扱い　　*230*

**重要資料索引**　　*231*

第 **1** 章

# 資料を読み解くための心構え

# 1 相続案件を扱うにあたって

## 1 相続案件の特色

　相続業務をこれから行うとした場合には、他の業務と同様に、まず色々な資料の収集や状況の整理からスタートすることになると思います。相続業務が他の業務と異なる最も大きなことの1つが「情報を持っている人がこの世にいない」ということです。

　例えば皆さんの親が亡くなったとします。どれだけのことを他人に責任をもって説明できるでしょうか？　思った以上に難しいと感じる人も多いと思います。そうすると、何かを説明しようと思うと、過去の書類を探さなければいけません。書類がどこにあるかわかりますか？　書類をすぐに捨ててしまうタイプでしょうか？　このように書類を見ればよいといっても、被相続人の性格や整理整頓の状況、わかりにくいところに隠している場合など、色々なケースに対応する必要があります。また法人と異なり帳簿の備付義務があるわけでもありません。相続の問題点の多くはここにあることになります。

　自分の財産であれば、大きく漏れることはないでしょうが、他人がそれを把握しようとすると、いくら身内とはいえ、現代社会の状況では難しいといえるでしょう。そのため、いかに被相続人の立場に立ってその人生を振り返ることができるかということを意識する必要があります。被相続人の歴史、性格などをきちんと把握し、時には推理をしていくということが相続業務の第一歩といえます。

## 2 税理士としての立場

　相続業務に携わった時に、お客様からよく言われることは、「何から手を付けてよいかわからない」「誰に相談したらよいかわからない」「どのような書類

が必要かわからない」です。相続は多くの人が1回から多くても数回の経験しか人生で携わることがなく、相続が初めてというお客様も少なくありません。税理士という立場で相続に携わることにはなりますが、お客様が求めているのは「相続税の専門家」ではなく「相続の専門家」であることもよくあります。相続の流れや手続き全体を知っておくことが必要になりますので、単純に相続税だけを意識しないようにすることが重要です。

　また、相続は関係者の利害が絡むことも多くあります。例えば普段長男が窓口になっている場合に、長男の意向に沿うように話を進めてしまうということは立場上当然できません。他の相続人の意向なども当然に聞いた上で、そのアドバイスをしていくことになります。弁護士との独占業務の抵触の問題もあるため、特定の人の利害に偏った立場にならないようにすることが必要です。

## 3　最初の面会時の心構え

　では、これまでの前提を踏まえた上で、実際に初めて相続人と面会したときの対応について、触れていきます。

　まず最初に行いがちなことですが、「被相続人の財産をすべて教えてください」からスタートをしてしまうと、いきなり聞かれてもわからないという不満や警戒心を抱かせてしまうということがあります。そのため、まずは被相続人の人柄などを聞いて、遺族である相続人の気持ちを理解することから始めることが必要です。

　「人の死」については、相続人はかなりのストレスを抱えています。その中で、葬儀から始まり、色々な役所の手続き、多くの郵便物や書類の整理をしながら、その後の法要、葬儀後の挨拶など、様々なことが待ち受けています。それと同時に相続手続きや相続税のことを考えなければいけないということは非常に負担が大きいものです。相続人がお勤めなど日中にこれらのことができない人であればなおさらです。

　一方で、感情などは関係なく各種期限は当然にやってきます。相続の放棄等は相続の開始があったことを知った日の翌日から3か月、準確定申告、相続税

第1章　資料を読み解くための心構え　　3

申告はそれぞれ4か月、10か月となります。四十九日などを考えると、最初の3か月くらいはあっという間に経過していきますので、相続人の気持ちや日常生活への影響等も考えた上で、話を進めていくことになります。

## 4 相続財産の確認の前に行うこと

相続財産の確認をする際には、順番は前後しても構いませんが、以下のような事項を把握することが望ましいです。

① 被相続人の学歴・職歴
② 被相続人の財産形成の理由
③ 被相続人の趣味や性格
④ 被相続人の住所の変遷
⑤ 被相続人の病歴
⑥ 被相続人の財産管理

これらに共通していえるのは、被相続人の生い立ちや歴史、日常の姿のイメージを相続人と摺合せをすることにあります。相続人は、今までに経験をしたことのない手続きなどの連続で、あまり気持ちに余裕があるわけではなく、また相続人本人に対する質問ではないため、答えられないことも数多くあります。しかしながら、きっかけを与えられることで思い出すことがあったり、色々な思い出話の中から、それをヒントにわかることもよくあります。

じっくりと話を聞くことにより色々とわかってきますので、ここは焦らず時間をかけることが必要です。また、1回ですべてのことがわかることはまずありません。1回目で聞いたことを整理し、合わせて収集した資料を組み合わせることにより、新たに聞くべきことや聞いた話と資料が矛盾するところを整理して、2回目以降で随時情報を更新していくという流れになります。

## 5 相続人の心理

相続人からすると税理士について、おそらく色々な印象を持っているかと思

います。

・税金を安くしてくれる専門家
・税金を何とか逃れられるようにアドバイスをくれる専門家
・相続税だけでなく相続について何でもしてくれる専門家
・税務署の代わりに厳しく相続税を計算する専門家

　これらのように、人によってそのイメージは異なっています。まず税理士という立場でできること、できないことはきちんと説明する必要があります。当然ですが、脱税幇助は犯罪であり行ってはなりません。法というルールに基づいて、その中で最適なアドバイスをするのが役割になります。よって払うべき税金が生じる場合はきちんと説明して納得してもらうことが大切です。

　相続人は、相続が初めての方も多いですし、税理士と関わりを持つことが初めての方もたくさんいらっしゃいます。そのためいきなり税理士と話をするとなると、相続人も身構えてしまう部分があります。特にその方の持っている税理士のイメージによって、反応が変わってきます。いかに理解をしてもらえるかを意識することが必要です。

　また、共通していえるのは、相続人は最初「嘘をつく傾向にある」ということです。非常に悪い言い方をしていますが、この嘘には2つ意味があります。

　1つは、相続人は自分の知っている限りのことを話してはくれますが、その記憶や認識が単純に間違っているということです。これは自分のことではない以上、ある意味当たり前の話で、できるだけ資料などで裏づけをとる必要があります。皆さんが相続人の立場になったときに、自分の親や配偶者のことをどれだけ第三者に説明できるかと考えた時には、おそらく多くの人がいきなりは話せないということになると思います。特に若い頃の話はなかなか聞いていないことも多いと思います。わかる範囲で整理していただければ十分だと思います。一方で最近のことについては、できる限り具体的に話を聞き出すことが重要です。後述いたしますが、特に被相続人が病気で介護状態にあり財産管理も相続人がしているという状況になってからのことであれば、ほとんどのことを、相続人は答えられる状況にあります。このような場合に、裏づけを取ったらあ

第1章　資料を読み解くための心構え　5

まりに事実が異なるというケースは要注意です。

　2つ目は、まさに意図的に嘘をついているというパターンです。これは、故人のことであり、そう簡単に見つからないだろうという心理と、税理士に話すと何でも課税の対象にされてしまうという信頼関係の問題から起きることだと思います。隠しとおすことの難しさやデメリットは、きちんと説明をする必要があります。証拠資料が集まってから、できるだけ論理的、具体的に説明をすることにより、専門家であればこのくらいは当然に見つけてしまうということで諦めを促すこともありますし、税務当局での調査の手法を説明をすることにより、納得を得られることも多くあります。このように相続人からの回答については、必ずしもすべてが正しいという認識は持たず、客観的に矛盾がないかなどを冷静に判断することが必要となります。

# 2 被相続人についての確認

## 1 被相続人の生い立ち・学歴・職歴

　まず確認するのは、被相続人の生い立ちになります。どこで生まれて、どのような家庭環境で育ったか、学校はどこを出たのか、職歴はどのような内容だったかを順番に確認します。

　どこで生まれてどのような家庭環境で育ったかなどは、その地における財産の漏れがないように確認を取ることが主な目的になります。特に不動産の有無や非常に裕福な家庭であったかなどは、このあたりからイメージを付けていきます。

　次に学校ですが、これも住所の変遷と関係しますが、どこに住んでいたかなどの参考になります。職歴はどのような職業に就き、勤め先はどこだったのか、転勤や海外勤務の有無など、財産形成や財産の所在場所の大きなヒントになりますので、わかる範囲で具体的にヒアリングすることが望ましいです。例えば海外勤務期間がある人であれば、外国に預金口座や不動産を所有しているか、語学堪能であれば外国に資産を保有していないかなどを把握するヒントになります。

　また、職歴の中で転職をしている場合であれば、企業年金の有無などの確認もあわせて行い、それらの振込がされている通帳がすべてあるかなどから預金口座の漏れを把握できたり、勤務地が変わっていたりすればそれぞれの地方で給与振込口座を作成する可能性を考え、地方銀行や信用金庫などの口座の確認等も必要になる場合があります。

## 2 被相続人の財産形成の理由

　被相続人の財産を把握する上で、単純に財産を把握する前に、その人の財産

形成の背景を知ることにより財産の漏れや規模の相違を防ぐことができます。財産の形成が、労働による所得か、不動産や株の売却益によるものか、相続や贈与により得たものかなどを確認し、それぞれ理由となる資料や金額の規模感を押さえていきます。

　また、ここで大きな論点となるのが、名義財産になります。預金、株式、不動産など、本当にその人の財産なのかどうかです。税務の取扱いは原則的に名義人ではなく、実質判断になりますので、財産の所有名義にかかわらず誰が実質的な所有者か確認する必要があります。そのため、財産形成の過程できちんと説明できない財産がある場合は、名義財産の可能性が出てきます。被相続人の財産が別の名義になっている場合は要注意となります。相続人等の財産の確認の際にも同じことがいえますので、本来あるべき財産のイメージとの摺合せを行うことが必要です。

## 3　被相続人の趣味や性格

　被相続人の趣味や性格も相続という手続きの中では非常に大きなポイントになります。被相続人の「人となり」がわかって初めてその人の財産が見える部分があるからです。倹約家であるか浪費家であるか、交友関係は広いかどうか、海外旅行などお金のかかる趣味があるかどうか、骨董品などの収集が趣味かどうかなど、その人の趣味や性格によって収入が同じでも残される財産は千差万別です。ゴルフが趣味であればゴルフ会員権の有無等も確認することが必要です。株式投資や不動産投資が趣味である場合には、その損益の状況もあわせて確認すると財産形成の理由もわかり、財産の確認漏れを防ぐことができます。

　また、その人の財産等の管理状況も非常に重要です。こまめに整理するタイプかおおざっぱなタイプなのかにより資料の収集状況に影響があります。おおざっぱな人の場合は難しくなりますが、こまめに整理するタイプの人であれば、過去の重要資料のファイルなどがあることが多く、それらを確認することにより比較的容易に過去の状況を把握することができます。また、日記や手帳を付けている場合には過去の出来事等や日常の動きなどがわかり、普段のお金の動

きや交友関係も確認できるため、プライベートな部分になりますが確認した方がよいでしょう。

## 4　被相続人の住所の変遷

　被相続人の住所の変遷も財産の漏れを防ぐための重要なヒントとなります。生い立ちや職歴等と関係してきますが、出生地や転勤場所での預金口座や不動産の有無がわかることがあります。勤務先の給与振込口座の他にも、利便性を考えて口座を開いたりすることもあります。このような話の流れで相続人に記憶を整理してもらうことが非常に重要です。

　また、時々発生するのが、被相続人の親などの財産がそのまま名義変更されていないケースです。当時の遺産分割が合意に達しているのか否かにより今回の相続財産が変わることにもなりますので、あわせて出生地などの不動産の状況も確認することが望ましいといえます。

　もう1つ、住所の変遷に関して確認をすべきことは、不動産の所有状況の動きです。持ち家をいつから持っているか、引越しに伴い転売の利益による財産形成がされたのか、相続による不動産の取得があったのか、社宅に長年いたのかなどにより、財産形成の理由がわかってきます。

## 5　被相続人の病歴

　質問項目の中でも病歴は最も重要な項目の1つになります。なぜならば、その人の財産の処分に大きな影響があるからです。病気の内容によっても変わりますが、特に亡くなる直前の状況が重要です。具体的には以下のパターンに分かれることになります。

> ①　死亡直前まで健康であり、急に死亡した。
> ②　半年くらい入院後に死亡した。
> ③　長年にわたり入院後死亡した。
> ④　入院はしていなかったが、長年1人で出かけることはできなかった。
> 　　ただし、意思判断はしっかりできていた。

⑤ 入院はしていなかったが、自宅で介護状態であり意思判断もできなかった。

　このような状況に応じて、確認する相手や項目が大きく変わってきます。死亡直前まで健康である場合には、今までと同じような生活をしていたことになりますので、現金の収入・支出の状況も従前と変わらず、また管理も自身で行っている可能性が高いため、相続人に知らないことがあることも当然出てきます。この場合は、相続人に質問をしても答えられないことが多く、財産の確認漏れを防ぐためにこちらから前述の経歴・趣味・性格・住所の変遷などから財産形成を把握する手助けが必要になります。

　一方、入院や被相続人１人で外出できない状況の場合は、多くのケースにおいて、相続人の誰かが生活の支援や財産管理を行っていたことになります。現金を誰に渡したかまではわからないこともありますが、振込や銀行からの現金の出金などは被相続人自身では行えないため、誰かに頼んでいることになりますので、金額が多額の場合は資金用途などを知っている可能性が非常に高くなります。また、入院はしていなくても、現金の残高を推定する際に「被相続人は旅行や友人との交友が広く生活費が高かった」と言われても、実際には晩年は足が悪く外出できなかったといった場合には、預金の引き出しが多ければ矛盾が生じます。このように、生活状況を把握する上で、病歴は非常に重要になりますので、必ず押さえておきたい部分になります。

## 6 被相続人の財産管理

　被相続人の財産管理は病歴とも関係しますが、病気がなくても高齢になったからという理由から相続、特に同居している相続人がいる場合には、その人に財産管理をお願いする場合があります。この場合には、その人から資金使途などの確認が取れることになりますので、質問をする中心人物となってきます。財産管理をしている場合に、厳格に自身の財産と分けて管理をしている場合はよいのですが、管理者自身の財産と混同したり、お金を振り込んだりしている

ケースがあります。多くの人がこの振込等について、借りたのか、預かったのか、贈与されたのかなどの認識がないことが多く、その事実確認が非常に難しくなります。

　一方で、相続開始前7年以内の贈与加算の規定の内容や贈与税の110万円の基礎控除などの話をすると、7年より前の振込であれば、安易に贈与という回答が返ってくることもよくあります。贈与に関しては、また後述しますが、贈与の事実がないものを贈与とすることはできませんので、事実に忠実に聞き出して整理することが重要です。

# 3 相続人への質問

## 1 相続人への確認項目

　質問については被相続人に関してのみではなく、相続人に関しても行うことがポイントです。もちろんすべて同じように聞く必要はなく、相続人であれば、主に以下の論点を聞いておく必要があります。

① 相続人の学歴・職歴
② 相続人の所有財産の概要
③ 相続人の不動産の所有経緯
④ 過去の贈与の有無

　相続人の学歴や職歴は関係ないのでは？　と感じられるかもしれませんが、基礎情報としてこれらをまず尋ねることをお勧めします。相続人の学歴が例えば医学部だったり外国の留学経験があるなど教育にお金がかかっているようであれば、それなりのお金が費消されているという推測が立つからです。被相続人が高齢の場合には、相続人もある程度の年齢に達しているため参考程度なのかもしれませんが、このような場合は相続人の子である被相続人の孫まで確認することになります。最近では相続対策として孫の教育費を出すことも多くみられるため、あわせて確認してください。また職歴もいつ頃からどのような職業についているかで、相続人の所有財産が不相応に多くないかのあたりをつけることができるようになります。

　次に相続人の所有財産の概要を聞きます。最初に学歴や職歴を聞いた方がよいのは、いきなりこれを聞くとイメージがわかないためで、これらを前提として聞いておけば、話の流れからも財産の概要を聞きやすくなります。概ねいくらくらい財産を所有しているかということと、その内容、財産形成の過程を確

認しますが、今回の相続税の対象ではないので、特に違和感がなければ、概要だけで問題ないと思います。相続人からすると、まさか自身のことを聞かれると思っていないので、不快感を示されることもあります。初回では聞きにくいところがあれば、別の打ち合わせのタイミングで聞いてもよいでしょう。

そして、相続人の所有不動産の概要とそれが賃貸なのか所有なのか、所有の場合はその原資はどこから捻出したものか、買値はいくらだったかなどを聞いていきます。最後に相続人が過去に受けた贈与について聞きます。贈与の有無は、非常に重要です。住宅取得や教育資金に伴って贈与を受けていたり、基礎控除内で行う贈与、基礎控除を超えた贈与、相続時精算課税制度を利用した贈与など色々ありますが、ここはしっかりと聞いておく必要があります。

贈与関連については、また別の項目で詳しく紹介しますが、冒頭の質問事項として「もらった側の認識があったか」どうかをまず確認すればよいと思います。ちなみに、ここでの回答は最初の時点ではあまり信用しない方が無難です。これは先ほども述べましたが、なんとなく贈与については後ろめたく感じる人が多く、とりあえず開示することを避ける傾向があります。よって、後日資料の確認をしながら、改めて確認をする方がよいでしょう。

なお、相続人に関する質問はできる限りプライバシーに配慮することを忘れないようにします。あくまで相続税に関することとはいえ、兄弟姉妹など他の人に言いたくないこともたくさんあります。あくまで相続人に関する事項は相続手続きに必要なためであることと、他の相続人にはお話ししないという前提をきちんと伝えて承諾を得た方がよいでしょう。よって、打ち合わせの場に何人もいる場合には、個別に話を聞く機会を別途設けるようにすることが大切です。

## 2　被相続人の自宅を拝見

これまでは、ヒアリングを中心に見てきましたが、もう1つ重要なことは目で見て肌で感じることです。被相続人の家を見るとその人の性格や生活状況がよくわかってきます。質素な感じか派手な感じか、飾り物や置き物などからそ

の人の趣味などもわかることが多くあります。これだけの家であれば、これだけの資産があるはずという感覚的な部分も数多く見てくるとつかめてきますので、必ず自宅に行くようにしましょう。

　家財の中で高価なものや、家の修繕や高額なものの購入、庭の状況などを見た上で相続人と話をしていくと、色々とヒントが見つかります。これらの話から、不明支出が解決したり、資金の出所が新たに見つかったりすることもあり、全体的な相続財産の確認の上で、非常に重要です。土地の評価の際にも現地視察をお勧めしていますが、それについては土地の評価のところで改めて紹介します。

## 3　質問リストの活用

　これまでの内容について改めて聞くべきポイントをまとめたのが次の質問リストの例になります。相続人も預金や不動産などが財産に該当することは認識できていることが多いので、資料を見ればわかるものというよりは、その前提となる概要や推測するための内容を聞き取ることに重点を置いています。全体像をこれで把握した後に、具体的な内容に入るようにしましょう。

## 【質問リストの例】

### 被相続人に関すること

① 学歴・職歴

② 住所の変遷

③ 財産の形成理由

④ 趣味や性格

⑤ 病歴

⑥ 過去 10 年以内の相続による財産の取得

⑦ 生活状況（主な収入、支出、1 月の生活費など）

⑧ 扶養親族の有無

⑨ この数年における介護度や意思判断状況

⑩ 亡くなる前の状況（長期入院後の死亡、突然死など）

### 相続人に関すること

① 学歴・職歴

② 住所の変遷

③ 不動産の所有経緯（相続や贈与、一部購入資金援助など）

④ 過去の贈与の有無と相続時精算課税制度の適用の有無

⑤ 所有財産の概要

⑥ 自宅不動産の所有者

⑦ 主な財産と所在地（預金であれば銀行名と支店名など）

⑧ 財産の形成理由

⑨ 名義預金等の有無

⑩ 障害者に該当する人の有無

### 被相続人の財産に関すること

① 財産の管理者

② 所有財産の概要（不動産、銀行預金、有価証券等）

③ 相続開始日における現金残高

④ 金庫・貸金庫の有無

⑤ 海外財産の有無

⑥ 生命保険の有無（被相続人が契約しているものすべて）

⑦ 高価な動産の有無（地金、書画骨董、美術品など）

第 1 章　資料を読み解くための心構え　　15

# 第2章

# 相続人の確定

# 1 相続人と相続分

## 1 相続人の確定の必要性

　相続が発生した際に何よりも重要なのは、財産の金額ではなく、相続人の確定になります。まずは相続に関する話し合いをする権利のある人を確定しないことには何も始まりません。相続人と思われる方から、「相続人は私たちですべてです」と口頭で言われたとしても、それを裏づける証拠がなければ税務の問題はもちろんのこと、不動産の登記や金融機関の名義変更など、あらゆる手続きが進められません。

　当然ながら、相続人が全員揃わないまま決められた遺産分割協議は無効となります。隠し子が見つかるなど、自分たちが知り得ない相続人が出てくることはあまり気分の良いことではないかもしれません。しかし、その方々も法律上権利のある相続人になりますので、漏らさないように確認をする必要があります。

## 2 相続人の範囲

　相続人の確認の前に、いくつか法律上の取扱いを確認したいと思います。まず、相続人に関しては、民法の第五編相続に規定されており、具体的には886条以下に規定されています。まず、確認したい点は、配偶者の相続権です。配偶者については、民法890条において、「常に相続人になる」と規定されているため、配偶者の有無はまず確認すべき点となります。

　次に、相続人になる者を確認すると民法887条および889条が該当し、子、直系尊属（親、祖父母など）および兄弟姉妹が相続人になる可能性があります。しかし、これらの者が全員自動的に相続人になるというわけではなく、これらの者はそれぞれ順位付けがされ、子が第1順位、直系尊属が第2順位、兄弟姉

妹が第3順位となり、上位の順位の該当者がいない場合に、次の順位に移っていくという規定になっています。

　配偶者については、必ず相続人となり、他の順位の相続人と同順位とするとされていることから、例えば、配偶者と子がいる場合には、両者ともに相続人に該当することになります。よって、これらの者が全員揃わないことには、遺産分割協議を終了させることができません。

＜民法887条1項＞
　　被相続人の子は、相続人となる。
＜民法889条1項＞
　　次に掲げる者は、第887条の規定により相続人となるべき者がない場合には、次に掲げる順序の順位に従って相続人となる。
　　一　被相続人の直系尊属。ただし、親等の異なる者の間では、その近い者を先にする。
　　二　被相続人の兄弟姉妹
＜民法890条＞
　　被相続人の配偶者は、常に相続人となる。この場合において、第887条又は前条の規定により相続人となるべき者があるときは、その者と同順位とする。

## 3　代襲相続

　各順位の相続人が今回の相続における被相続人より先に死亡していた場合等は、その権利を持っていた者の相続人が、当人に代わって相続権を得ることができます。これを代襲相続といいます。例えば、相続人である子が不幸にも先に死亡していたケースでは、その子に子供（被相続人から見ると孫）がいた場合には、その子が持っていた相続人としての地位がそのまま引き継がれることになります。よってこの場合は、同じ第1順位としての地位で相続権があることになります。第2順位については、被相続人より世代が上になり、第2順位に代襲相続の規定を設けても、結局のところ、今回の相続の被相続人に戻ってきてしまうことになりますので、第2順位における代襲相続はありません。

　第3順位である被相続人の兄弟姉妹の場合も、被相続人より先に死亡してい

第2章　相続人の確定　　19

た場合には、代襲相続の適用があります。しかし、第3順位については、代襲相続により相続する者も死亡していた場合には、さらなる代襲相続はないという規定があります。つまり、兄弟姉妹の代襲相続は1回限りで、関係性としては、例えば叔父と甥のような関係までしか相続権が認められないことになります。一方、直系卑属である、「子」については、代襲相続は1世代だけでなく、さらに下の世代まで相続権が移動していくことになります。

【代襲相続イメージ】

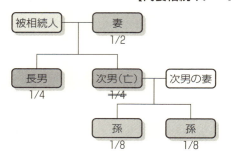

次男の相続分が次男の子（被相続人の孫）に引き継がれる。次男の子が2名のため、相続分は1/8ずつ

## 4 放棄と限定承認

相続人は、被相続人の権利義務を無限に承継することになります（民法920）。相続というと財産を相続するイメージが強いと思いますが、債務が多い場合でも原則的にすべて承継することになります。しかし、相続人が自分で元々負った債務ではないのに引き継がなければならないということは当然に抵抗があります。そこで、相続人には、相続の放棄または限定の承認（限定承認）をする権利があります。

いずれもその相続人が相続の開始があったことを知った時から3か月以内に家庭裁判所に申述する必要がありますので、期限は特に意識しておきましょう（民法915①、924、938）。なお、この3か月間の間に特段何も手続きをしない場合は、すべての権利義務を承継したとみなされます。これを単純承認といいます。

## 5 限定承認

　限定承認とは、相続人が「相続によって得た財産の限度においてのみ被相続人の債務及び遺贈を弁済」するという相続の方法になります（民法922）。例えば、借入が3億円あり、財産は自宅の不動産1億円しかない場合、放棄も限定承認もしないと、不動産という財産も、借入という債務もすべて承継しなければならないことになります。しかし、自宅はどうしても相続したいという場合に大きな負債を抱えるか、自宅をあきらめるかの二者択一は難しい場合もあります。このような場合に、限定承認を行い、自宅の不動産1億円をもらう代わりに、承継する財産価値の1億円だけ借入金を承継するということができます。

　このように、一般的には、債務の方が財産より多いが、特定の資産（例えば不動産や経営している非上場株式など）を承継したい場合に、この限定承認を行うことになります。なお、この限定承認を行う場合は、相続人全員が共同しない限り選択することはできません。よって、相続人のうち1人でも限定承認に賛同しない場合は、限定承認を行うことはできません。

　また、この点は税務上の問題になりますが、限定承認を行った場合には、みなし譲渡所得に該当し、被相続人に譲渡所得の課税が生じます。よって、限定承認により引き継いだ財産について、キャピタルゲインがある場合には、被相続人の準確定申告において譲渡所得課税が発生することになりますので、限定承認を行う場合は、注意が必要です。

## 6 相続の放棄

　相続の放棄をした場合は、「相続の放棄をした者は、その相続に関しては、初めから相続人とならなかったものとみなす」とされています（民法939）よって、初めから相続人として存在しないという扱いになります。そのため、相続の放棄をした人が被相続人の子で、その子に子（被相続人からみると孫）がいたとしても、元から相続人ではないという扱いになるため、代襲相続の取

扱いもなくなります。

　相続の放棄をした際に、最も注意しなければならない点は、同じ順位にいる相続人が相続の放棄により誰もいなくなってしまった場合には、次の順位に相続人が移るという点です。例えば、相続人が妻と子であった場合、子が仮に相続放棄をしたとすると、第1順位の相続人が初めから存在しなかったことになりますので、第2順位に相続権が移っていくことになります。この第2順位に該当者がいない、もしくは全員相続放棄を行うと、第3順位にさらに相続権が移っていくことになります。

　よくあるケースとしては、被相続人の子が被相続人の妻（子からみたら母）の今後の生活のために財産をすべて被相続人の妻に渡したいという理由などで相続を放棄した場合には、よかれと思ってしたことであっても、法律上は第2順位の親や第3順位である兄弟姉妹に相続権が移っていくことになり、そこで相続分を主張されることもあり得ます。結果として、逆効果になってしまうこともあるため、相続の放棄は慎重に行う必要があります。私たちも相続放棄があった場合には、遺産を取得する者つまり納税義務者が変わってしまう可能性がありますので、十分に注意する必要があります。

## (1) 子が相続放棄をしない場合

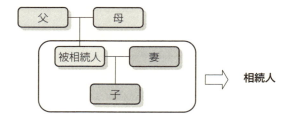

　この場合、妻と子が法定相続人となり、相続分もそれぞれ2分の1ずつとなります。

## (2) 子が相続放棄をした場合

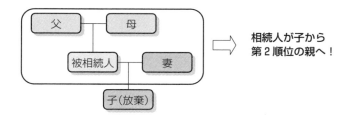

　子が相続放棄をした場合には、その放棄をした者は初めからいなかったものとして取り扱われるため、第1順位の子がいないため、第2順位の直系尊属が相続人となります。

　なお、税務上の取扱いは、相続放棄により相続人が変わってしまうと、法定相続人の人数をコントロールできる可能性があるため、基礎控除額や死亡保険金の非課税枠の算出における法定相続人の数の算出、相続税の総額の基となる税額算出のための法定相続分に応ずる各法定相続人の取得金額の計算などはすべて、相続の放棄をした人がいても、その放棄はなかったものとした場合で計算することになります。

## 7 特別寄与料制度の創設

　相続が発生した場合、相続権があるのは、民法に規定された相続人のみとなります。しかし実際には、相続人と同じように、場合によっては相続人以上に、被相続人と長年連れ添って療養看護等をする人もいます。一番想定されるのは、いわゆる長男の嫁であり、例えば長男が先に亡くなってしまった後、長男の親（長男の嫁からすると義理の親）と同居し長年にわたって療養看護等をする場合です。従来の制度では、このような長年の貢献があったとしても、一切相続により財産を取得するということができませんでした。

　しかし、平成30年7月6日民法および家事事件手続法の一部を改正する法律（平成30年法律72号）の成立（以下「相続法改正」といいます）により民法1050条において「特別寄与料」制度が創設され、相続人以外の者であって

も被相続人の親族であれば、被相続人の療養看護等への貢献が認められることとなり、結果、相続財産の一部を取得することができるようになりました。しかし、これはあくまで相続人として認められるわけではなく、遺産分割協議に参加することはできません。遺産分割とは別の扱いとして、その者から相続人に対して特別寄与料として金銭請求を行うことにより結果として財産を取得することになります。相続税の取扱いは、この特別寄与料の額に相当する金額を被相続人から遺贈により取得したとみなし、相続税の対象となります。そのため、今後特別寄与料の請求が発生するか否かは、状況に応じて確認する必要が出てきますので、注意してください。

# 2 戸籍謄本の取得と読み方

■で相続人の確定が非常に重要だということをお伝えしましたが、相続人をどのように確認すればよいのでしょうか。これを行うには、被相続人の出生から死亡までの戸籍をすべて確認する必要があります。また、戸籍から配偶者や子の存在がわかってきますが、それらの相続人になる可能性がある方々が実際に現在生存しているかの確認も必要になります。もし、子の出生がわかったとしても、後に結婚して新たに戸籍を設けた後、先に死亡しているということもあります。そのため、相続人となり得る人の戸籍も取得する必要があります。相続人の確定のためには、相続に関係のある人全員の戸籍を揃える必要があります。

また、相続手続きにおいては、どの手続きを行う場合であってもこの戸籍謄本一式が必要になります。これは、手続きをしようとする人が本当に相続人であることを証明する必要があることと、遺産分割協議のように相続人全員が合意しなければならない事項について、その合意をした人が相続人すべてであることを確認しなければ、その合意がそもそも効力があるのかどうかすら判断ができないことになるからです。このように相続に関しては、戸籍がとても重要になります。

## 1 戸籍の確認

戸籍は住所とは関係なく本籍地で管理されています。そのため、最後の住所地に必ずしも戸籍があるわけではありません。最後の本籍地がわからないということもあると思いますが、本籍地は本籍地記載の住民票の写しを取得することにより確認をすることができますので、不明な場合はまず住民票の取得をするとよいでしょう。

このようにまず最後の戸籍謄本を取得したら、そこから順番に出生までさか

のぼって収集していくことが必要です。このさかのぼって戸籍を収集する過程で戸籍謄本の読み方や戸籍の知識が必要となります。

## 2　戸籍の改製

　戸籍は普段なかなか目にする機会も少ないため、相続業務を行う際に、読み方がわからないということをよく耳にします。読み方がわかりづらい理由として、「戸籍謄本の名前がいくつかある」「古い戸籍がたくさんある」「戸籍に記載されている情報がよくわからない」などが原因ではないかと思います。さらに、「本籍地が住所と違う」「親と同じ本籍地になっている」など本籍地という概念そのものがわかりにくいともいえます。

　戸籍を追っていく上で、まず知っておくべきことは、戸籍は過去の法律の改正によりフォーマットが何度か変わっているという点です。このフォーマットが変わっていくことを「改製」といいます。この改製が生じたときには、フォーマットが変わるだけでなく、その時点ですでに存在していない者の情報は新しいフォーマットに引き継がれないという点も大きな特徴です。

　この改製は、過去に何度か行われてきていますが、まずは以下の4つのフォーマットがあることを押さえれば十分です。

> ①　明治31年式戸籍
> ②　大正4年式戸籍
> ③　昭和23年式戸籍
> ④　平成6年式戸籍

　ここで重要なことは、それぞれの戸籍の細かい読み方よりもこのように改製が入っていることから、改製がある場合には、さかのぼって改製前の戸籍を取得するという点です。ここでは細かい点は省略し、主な読み方と戸籍の名称について確認をしていきます。

## **3 除籍と改製原戸籍**

　戸籍を理解する上でまず覚えなければならないことは、戸籍関係の書類で「戸籍謄本」「除籍謄本」「改製原戸籍」という種類があることです（この他戸籍抄本などもありますが、相続関係ではあまり使わないため割愛します）。

　3つを簡単に説明すると、以下のようになります。

> ・戸籍謄本……現在使われているフォーマットでまだその戸籍内に存在している人がいるもの
> ・除籍謄本……その戸籍内に存在している人が誰もいないもの
> ・改製原戸籍…フォーマットが古いもの

　戸籍に存在している人が誰もいなくなると除籍という扱いになるため、古いフォーマットである改製原戸籍謄本で除籍になっているものもあります。

## **4 戸籍のルール**

　戸籍を理解する上で次に覚えなければならない点が、そもそもの戸籍等に関する制度です。まず、戸籍は住所地や出生地におかなければならないというルールはなく、日本国内であればどこにでも設けることが可能です。多くの人は出生地や住所地に設けるようですが、異なる場所でも問題ありません。

　次に覚えなければならないのが、戸籍の編製単位で、現在の戸籍では、原則として「一組の夫婦およびその夫婦と氏を同じくする子」を1つの単位としています。よって、婚姻をすると今まで入っていた戸籍から出て新たに戸籍を設けることになります。昭和22年までの旧戸籍法の下では、家制度を単位としていたため、家長である戸主を中心にその親族およびその配偶者で1つの戸籍が編成されていました。そのため、昭和23年式より前の戸籍を確認すると、1つの戸籍の中に兄弟姉妹やその配偶者と子などが入っています。

　これらの戸籍制度の中で最後に覚えなければならない事項は、別の戸籍に異動して今の戸籍からいなくなることを除籍、今ある戸籍に新たに入ってくるこ

第2章　相続人の確定　27

とを入籍、本籍地を丸ごと移転する場合は転籍とそれぞれ戸籍に記載されるということです。すべての人が婚姻や死亡により除籍になる場合や、転籍によって戸籍が移転してしまうと「除籍謄本」ということになります。

## 5 親族関係図と戸籍のイメージ

以下の家系図の場合、戸籍の変遷は以下のとおりとなります。

**【家系図の例】**

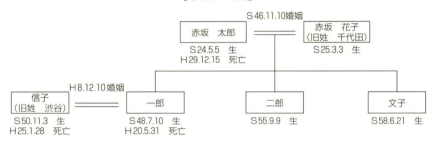

### (1) 戸籍の変遷（赤坂太郎）

- 昭和46年11月10日　花子と婚姻により戸籍新設　花子が入籍
- 昭和48年7月10日　一郎出生入籍
- 昭和55年9月9日　二郎出生入籍
- 昭和58年6月21日　文子出生入籍
- 平成8年12月10日　一郎が信子と婚姻により新たに戸籍を設けるため除籍
- 平成15年4月1日　平成6年式に戸籍改製
- 平成29年12月15日　太郎死亡除籍

太郎の死亡の時点では赤坂太郎の戸籍には、花子、二郎、文子の3名がまだ在籍しているため、これは戸籍謄本となります。なお、平成6年式より前の戸籍は平成15年4月1日時点で戸籍に在籍している者（太郎、花子、二郎、文子）がいるため改製原戸籍となります。

## (2) 戸籍の変遷（赤坂一郎）

- 平成 8 年 12 月 10 日　信子と婚姻により戸籍新設。信子が入籍
- 平成 15 年 4 月 1 日　　平成 6 年式に戸籍改製
- 平成 20 年 5 月 31 日　一郎死亡除籍
- 平成 25 年 1 月 28 日　信子死亡除籍

　太郎の死亡の時点では赤坂一郎の戸籍には誰も在籍していないため、除籍謄本となります。なお、平成15年4月1日時点で戸籍に在籍している者（一郎、信子）がいるため平成6年式に改製される前のものが改製原戸籍となります。

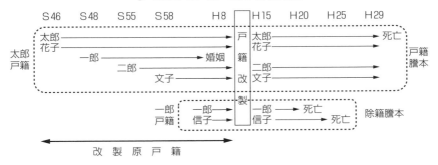

**【戸籍に入っている人の時系列】**

## (3) 戸籍謄本（赤坂太郎）

　まず、赤坂太郎の戸籍をサンプルとして見てみましょう。
　戸籍を確認する際には以下の点を注意してみてください。

① 本籍地と戸籍の筆頭者
② 戸籍の編製、改製や転籍
③ 戸籍に記載されている者、その者の父母等の情報および除籍の有無
④ 身分事項として出生や死亡の情報および従前の本籍地

第 2 章　相続人の確定　　29

## 戸籍謄本（赤坂太郎）

|  | (3の1) 全 部 事 項 証 明 |
|---|---|
| 本　　籍<br>氏　　名 | 東京都港区赤坂1丁目1番地<br><br>赤坂　太郎 |
| 戸籍事項<br>　戸籍改製 | 【改製日】　平成15年4月1日<br><br>【改製事由】平成6年法務省令第51号附則第2条第1項<br>　　　　　　による改製 |
| 戸籍に記載されている者<br><br><br>**除　　　　　籍** | 【名】**太郎**<br><br>【生年月日】昭和24年5月5日　　　　　【配偶者区分】夫<br><br>【父】赤坂孝<br><br>【母】赤坂ハル<br><br>【続柄】長男 |
| 身分事項<br>　出　　生<br><br><br><br><br>　婚　　姻<br><br><br><br>　死　　亡 | 【出生日】昭和24年5月5日<br><br>【出生地】東京都港区<br><br>【届出日】昭和24年5月8日<br><br>【届出人】父<br><br>【婚姻日】昭和46年11月10日<br><br>【配偶者氏名】千代田花子<br><br>【従前戸籍】東京都港区赤坂1丁目1番地　　赤坂孝<br><br>【死亡日】平成29年12月15日<br><br>【死亡時分】午前9時25分<br><br>【死亡地】東京都港区<br><br>【届出日】平成29年12月18日<br><br>【届出人】親族　赤坂花子 |

発行番号-00001　　　　　　　　　　　　　　　　　　　　　　　以下事項

|  | (3の2) | 全 部 事 項 証 明 |
|---|---|---|

| 戸籍に記載されている者 | 【名】花子 |
|---|---|
|  | 【生年月日】昭和25年3月3日　　　　　【配偶者区分】妻 |
|  | 【父】千代田進 |
|  | 【母】千代田アキ |
|  | 【続柄】長女 |

| 身分事項 |  |
|---|---|
| 　出　　生 | 【出生日】昭和25年3月3日 |
|  | 【出生地】東京都千代田区 |
|  | 【届出日】昭和25年3月8日 |
|  | 【届出人】父 |
| 　婚　　姻 | 【婚姻日】昭和46年11月10日 |
|  | 【配偶者氏名】赤坂太郎 |
|  | 【従前戸籍】東京都千代田区麹町1丁目1番地　　千代田進 |
| 　配偶者の死亡 | 【配偶者の死亡日】平成29年12月15日 |

| 戸籍に記載されている者 | 【名】二郎 |
|---|---|
|  | 【生年月日】昭和55年9月9日 |
|  | 【父】赤坂太郎 |
|  | 【母】赤坂花子 |
|  | 【続柄】二男 |

| 身分事項 |  |
|---|---|
| 　出　　生 | 【出生日】昭和55年9月9日 |
|  | 【出生地】東京都港区 |
|  | 【届出日】昭和55年9月13日 |
|  | 【届出人】父 |

発行番号00001

|  | （3の3）| 全 部 事 項 証 明 |
|---|---|---|

| 戸籍に記載されている者 | 【名】文子 |
|---|---|
| | 【生年月日】昭和58年6月21日 |
| | 【父】赤坂太郎 |
| | 【母】赤坂花子 |
| | 【続柄】長女 |
| 身分事項 | |
| 出 生 | 【出生日】昭和58年6月21日 |
| | 【出生地】東京都港区 |
| | 【届出日】昭和58年6月26日 |
| | 【届出人】父 |

以下余白

発行番号00001
これは、戸籍に記録されている事項の全部を証明した書面である。

平成〇年〇月〇日

東京都港区長　　〇〇〇〇　㊞

まず、この本籍地は、東京都港区赤坂1丁目1番地で、赤坂太郎の戸籍になります。この赤坂太郎を筆頭者として戸籍が構成されています。そのためこの戸籍には、赤坂太郎の配偶者や子が記載されます。戸籍は住所とは異なりどこにでもおくことができるため、同じ本籍地でも筆頭者の氏名が異なれば別の戸籍になります。よく、子が婚姻した際に本籍地を親の戸籍と同じにすることがあります。そうすると、同じ本籍地に2つの戸籍ができますので、きちんと筆頭者も確認する必要があります。

　次に、戸籍事項を確認します。その際に確認すべきは、この戸籍が新たに作られたのか、戸籍が他の戸籍から丸ごと転籍されているのか、逆に他の戸籍に転籍しているのか、戸籍がすでになくなっているのか、戸籍の改製があったかなどです。

　この中でよく出てくる事項としては、戸籍の改製です。この横書きのコンピューター化された戸籍については、いわゆる平成6年式といわれ、実際に各自治体で戸籍の改製が実施されたのは、これより後に任意で行われており、10年くらいかけて行われているケースが多く見られます。そのため、この改製についてはよく出てきますので、是非押さえてください。

　今回は、平成15年4月1日に戸籍が改製されています。そのため、平成15年4月1日より前の事項については、この戸籍には記載がありませんので、改製原戸籍謄本を取得する必要があります。

　次に確認するのは、戸籍に記載されている者になります。この戸籍に誰がいるのか、記載されている者の父母の氏名、生年月日、従前の戸籍等の情報を確認します。また、左側に「除籍」と記載がある場合には、この戸籍が作られてから現在までの間に、戸籍に記載されていたが、途中で除籍されたことを意味します。戸籍の筆頭者以外は、この戸籍ができた後にこの戸籍に入ってきた者しか記載されないため、この戸籍が作られたタイミングも重要です。

　この戸籍には、夫の太郎、妻の花子、二男の二郎、長女の文子の合計4人が記載されていますが、夫の太郎は、今回の相続発生に伴い除籍となっています。残りの3人はまだこの戸籍に残っていることになります。親族関係図に記載の

ある長男の一郎はこの戸籍には載っていません。この戸籍は平成15年に改製が行われているため、平成15年の改製時点ですでに除籍されている者は新しい戸籍謄本には記載されないことになりますので、この改製前の戸籍を確認する必要があります。このように最新のものから順番に追っていくという作業が必要になります。

## (4) 改製原戸籍謄本（赤坂太郎）

　戸籍は出生から死亡までを確認する必要があり、先ほど確認した現在の戸籍謄本は改製が行われていることから、改製原戸籍謄本（36頁参照）を確認する必要があります。この改製原戸籍を確認して、またこの戸籍に入る前の戸籍があるようであればさらに追って確認する必要があります。

　今回のケースで確認してみると、この戸籍は、赤坂太郎が赤坂花子と婚姻をした昭和46年11月10日に新たに作られたことがわかります。よって、この戸籍は昭和46年11月10日から改製が行われる平成15年4月1日までの情報が記載されていることになります。これより前の情報も後の情報もそれぞれ別の戸籍を入手しない限り正確なことはわかりません。実は赤坂太郎は以前に結婚をしており、その配偶者との間に子が出生していたとしてもそれはわからないことになります。よって、相続の場合は、出生までさかのぼることになりますので、「夫　太郎」の上に記載のある、東京都港区赤坂1丁目1番地の赤坂孝名義の戸籍を確認することになります。

　また、続けて改製原戸籍を見ていくと、太郎と花子が婚姻をしてからのものになりますので、子供が3人誕生したことがここから読み取れます。一郎には名前に×印が書いてありますが、これは、この戸籍から途中で除籍されたことを示します。除籍の理由は、その上に記載されており、渋谷信子と婚姻をして、東京都港区赤坂3丁目1番地に赤坂一郎名義の戸籍が作られたこととなっています。よって、一郎のこれ以降の状況を確認するには、新たに作られた赤坂一郎名義の戸籍を追っていくことになります。一郎は改製時点では除籍されていたため、先ほどの赤坂太郎の現在の戸籍には最初から記載されないことになります。

本来であれば、赤坂太郎の相続に関して相続人を確定させるには、出生まで
さかのぼっていきますが、基本的な戸籍の読み方や考え方は同じとなりますの
で、ここではこれより先の部分は割愛します。

# 改製原戸籍謄本（赤坂太郎）

改製原戸籍

平成六年法務省令第五十一号附則第二条第一項による改製につき
平成拾五年四月壱日消除㊞ 改製につき

| 本籍 | 東京都港区赤坂壱丁目壱番地 | 氏名 | 赤坂 太郎 |
|---|---|---|---|

婚姻の届出により昭和四拾六年拾壱月拾壱日夫婦につき本戸籍編成㊞

---

昭和弐拾四年五月五日東京都港区で出生父赤坂孝届出同年五月八日受附入籍㊞
都港区赤坂壱丁目壱番地赤坂孝戸籍より入籍㊞ 千代田花子と婚姻届出昭和四拾六年拾壱月壱日受附東京

| 父 | 赤坂　　孝 | 男長 |
|---|---|---|
| 母 | ハル | |

夫　大郎
生出　昭和弐拾四年五月五日

---

昭和弐拾五年参月八日東京都千代田区で出生同日父千代田進届出入籍㊞
田区麹町壱丁目壱番地千代田進戸籍より入籍㊞ 赤坂太郎と婚姻届出昭和四拾六年拾壱月壱日受附東京都千代

| 父 | 千代田　進 | 女長 |
|---|---|---|
| 母 | 千代田　ツキ | |

妻　花子
生出　昭和弐拾五年参月参日

---

昭和四拾八年七月拾日東京都港区で出生同年七月拾五日父赤坂太郎届出入籍㊞
平成八年弐月拾壱日渋谷の新戸氏と婚姻届出東京都渋谷区赤坂氏の新戸籍編成につき除籍㊞

| 父 | 赤坂　太郎 | 男長 |
|---|---|---|
| 母 | 花子 | |

一郎

生出　昭和四拾八年七月拾日

発行番号 ○○○○　東京都港区　（2の1）

赤坂太郎

昭和五拾五年九月九日東京都港区で出生同年九月拾参日父赤坂太郎届出入籍印

父　赤坂太郎
母　　　花子
男弐
二郎
生出　昭和五拾五年九月九日

拾六日父赤坂太郎届出入籍印
昭和五拾八年六月弐拾壱日東京都港区で出生同年六月弐

父　赤坂太郎
母　　　花子
女長
文子
生出　昭和五拾八年六月弐拾壱日

父

母

生出

父

母

生出

発行番号　○○○○　東京都港区　(2の2)

この謄本は、原戸籍の原本と相違ないことを認証する。
平成○年○月○日
東京都港区長　　○○○○　　印

## (5) 改製原戸籍謄本・除籍謄本（赤坂一郎）

　赤坂一郎については、赤坂太郎の改製原戸籍謄本から平成8年12月10日に婚姻により東京都港区赤坂3丁目1番地に新たに戸籍を設けたことがわかりました。赤坂太郎の出生から死亡までを追っていくわけですが、子である相続人が今どのようになっているかは、別で確認する必要があります。子供の方が先に亡くなっている場合もありますし、その場合には孫が代襲相続人として相続権を有することにもなります。よって、赤坂一郎の戸籍も見ていくことにします。

　赤坂一郎の戸籍を取得すると、平成8年から新たな戸籍が設けられ、その後こちらも平成15年4月1日に改製が行われているため、改製原戸籍謄本と戸籍謄本の両方を見ることになります。時系列に沿って改製原戸籍謄本を先に確認すると戸籍が設けられてから改製までは特に子など新たに戸籍に記載された者がいないことがわかります。その次に改製後の戸籍をみることになります。

改製原戸籍謄本（赤坂一郎）

改製原戸籍

平成六年法務省令第五十一号附則第二条第一項による改製につき平成拾五年四月壱日消除⑪

| 本籍 | 東京都港区赤坂参丁目壱番地 | 氏名 | 赤坂一郎 |

婚姻の届出により平成八年拾弐月拾日夫婦につき本戸籍編成⑪

昭和四拾八年七月拾日東京都港区で出生父赤坂太郎届出同年七月拾五日受附入籍⑪
渋谷信子と婚姻届出平成八年拾弐月拾日受附東京都港区赤坂壱丁目壱番地赤坂太郎戸籍より入籍⑪

父　赤坂太郎　男長
母　花子

夫　一郎

生出　昭和四拾八年七月拾日

昭和五拾壱年参月拾日東京都渋谷区で出生同年拾月七日父渋谷正男届出入籍⑪
平成八年拾弐月拾日赤坂一郎と婚姻届出東京都渋谷区渋谷壱丁目壱番地渋谷正男戸籍より入籍⑪

父　渋谷正男　女長
母　幸子

妻　信子

生出　昭和五拾壱年参月拾日

生出

この謄本は、原戸籍の原本と相違ないことを証する。
平成○年○月○日
東京都港区長　○○○○　⑪

## 除籍謄本（赤坂一郎）

| | (2の1) 全 部 事 項 証 明 |
|---|---|
| 本　　籍<br>氏　　名 | 東京都港区赤坂3丁目1番地<br>赤坂　一郎 |
| 戸籍事項<br>　戸籍改製<br><br><br>　戸籍消除 | 【改製日】　平成15年4月1日<br>【改製事由】平成6年法務省令第51号附則第2条第1項<br>　　　　　　による改製<br>【消除日】　平成25年1月30日 |
| 戸籍に記載されている者<br><br><br><br>　　　除　　　籍 | 【名】一郎<br>【生年月日】昭和48年7月10日　　　　　【配偶者区分】夫<br>【父】赤坂太郎<br>【母】赤坂花子<br>【続柄】長男 |
| 身分事項<br>　出　　生<br><br><br><br><br>　婚　　姻<br><br><br><br>　死　　亡 | 【出生日】昭和48年7月10日<br>【出生地】東京都港区<br>【届出日】昭和48年7月15日<br>【届出人】父<br><br>【婚姻日】平成8年12月10日<br>【配偶者氏名】渋谷信子<br>【従前戸籍】東京都港区赤坂1丁目1番地　　赤坂太郎<br><br>【死亡日】平成20年5月31日<br>【死亡時分】午前7時5分<br>【死亡地】東京都港区<br>【届出日】平成20年6月4日<br>【届出人】親族　赤坂信子 |

発行番号00001　　　　　　　　　　　　　　　　　　　　以下事項

| | （2の2） 全 部 事 項 証 明 |
|---|---|
| 戸籍に記載されている者<br><br>　　　　　除　　　　籍 | 【名】信子<br>【生年月日】昭和50年11月3日　　　　【配偶者区分】妻<br>【父】渋谷正男<br>【母】渋谷幸子<br>【続柄】長女 |
| 身分事項<br>　出　　生 | 【出生日】昭和50年11月3日<br>【出生地】東京都渋谷区<br>【届出日】昭和50年11月7日<br>【届出人】父 |
| 　婚　　姻 | 【婚姻日】平成8年12月10日<br>【配偶者氏名】赤坂一郎<br>【従前戸籍】東京都渋谷区渋谷1丁目1番地　　　渋谷正男 |
| 配偶者の死亡 | 【配偶者の死亡日】平成20年5月31日 |
| 　死　　亡 | 【死亡日】平成25年1月28日<br>【死亡時分】午後5時30分<br>【死亡地】東京都港区<br>【届出日】平成25年1月30日<br>【届出人】親族　渋谷正男 |
| | 以下余白 |

発行番号00001
これは、除籍に記録されている事項の全部を証明した書面である。

　　　平成○年○月○日

　　　　　　　　　　東京都港区長　　　　○○○○　㊞

この戸籍謄本を確認すると、平成20年5月に赤坂一郎が死亡、さらに平成25年1月に妻の赤坂信子も死亡したことがわかります。この場合は、戸籍に誰もいなくなってしまったことから、戸籍謄本の名称も除籍謄本に変わります。相続人である赤坂一郎が死亡している場合には、先ほども触れたように代襲相続の確認をする必要があります。改製原戸籍謄本では婚姻後に子供の出生等はありませんでした。その後現在の戸籍謄本にも特に記載はありません。そしてこの戸籍謄本もどこかに転籍がされたりなどしていないことから、2つの戸籍を確認したことによって代襲相続人もいないことが確認できました。

　これらのように戸籍のルールを理解できれば、順番に追っていくことにより、きちんと相続人を確認することができますので、着実に読んでいくことが必要です。また戸籍関係を整理する際には、同時に親族関係図を書いてみるとより整理できますので、あわせて作成するとよいでしょう。

## 6　戸籍の附票

　戸籍謄本等を取得する際には、戸籍の附票もあわせて取得します。戸籍の附票は戸籍謄本等のように相続人を確定するために使うわけではありません。戸籍は前述したとおり住所を表すものではないですが、住所を管理する住民票だけとなると、戸籍との関連性が紐づけられなくなってしまうため、この2つをつなぐものとして戸籍の附票があります。

　戸籍の附票は戸籍に関連する書類で、住民票の住所履歴が記載されています。そのため、戸籍の附票を取得することにより、過去の住所の履歴が確認できることになります。ただし、戸籍に紐付く書類のため、戸籍を新たに編成したり別の戸籍から入籍した場合などは、その事由が生じた後の記録からしか記載されません。住民票でも、過去の住所は記載がありますが、1つ前の住所のみ記載となりますので、戸籍謄本等の取得と同時に戸籍の附票も取るようにしましょう。

　なお、附票も戸籍謄本等と同様に改製が行われることがあります。附票が改製された場合は改製原附票といい、戸籍に在籍している者が誰もいなくなった

戸籍の附票は除附票といいます。改製原附票も除附票もそれぞれ法定保存年限が 5 年間とされており、5 年経過後の保存期間は各自治体によってまちまちであるため、これらの附票が必要な場合は注意してください。

## 戸籍の附票

| | | (1の1) | 附 票 の 全 部 証 明 |
|---|---|---|---|

| 氏　　　名 | 本　　　籍 |
|---|---|
| 札幌　太郎 | 北海道札幌市中央区北一条西二丁目１番地 |

附票記録事由欄　平成27年 7月21日編製

| 名 | 住　　　所 | 住所を定めた日 | 記 録 事 項 欄 |
|---|---|---|---|
| 太郎 | 北海道江別市高砂町６番地 | 平成25年 2月 1日 | |
| | 北海道札幌市中央区北１条西２丁目１番地 | 平成27年 7月21日 | |
| 花子 | 北海道江別市高砂町６番地 | 平成25年 2月 1日 | |
| | 北海道札幌市中央区北１条西２丁目１番地 | 平成27年 7月21日 | |
| | | | 以下余白 |

発行番号

この写しは、戸籍の附票の原本と相違ないことを証明する。

平成○○年○○月○○日　　　　　北海道札幌市中央区長　　　○○　○○

（札幌市ホームページ）

## 7 戸籍等の取得と職務上請求

　戸籍謄本等の取得をする場合、その戸籍謄本等の名欄に取得者自身が記載されている場合は、本人の戸籍謄本等に該当するため取得することができます。また、戸籍の名欄に記載のある人の配偶者、直系尊属（父母や祖父母）および直系卑属（子や孫）も、戸籍の名欄に記載のある人との親族関係が確認できる戸籍謄本等の提示をすることにより取得することができます。請求権のある人から委任を受けている者についても、委任状の提出により戸籍謄本等の取得が可能です。

　これらの他、弁護士、司法書士、税理士、行政書士などは受任している事件または事務に関する職務上の業務を遂行するために必要がある場合に職務上請求を行うことができます。職務上請求を行う場合は、各士会の職務上請求用紙を使用し、資格証明書等の提示が必要となります。税理士が相続業務を行う際に、職務上請求を行う場合は、法定相続人を確定し、それらを証するために申告書に法律の規定により添付する必要があるという理由から取得をすることができるため、職務上請求の場合は、税務署提出用の通常1部の取得になります。そのため、相続人からの依頼により複数部数取得する場合は、委任状取得による方法になります。

　相続税の申告の際は、法定相続人が誰であるかを確認する必要があるため、必要な戸籍謄本等を一式税務署に提出する必要があります。戸籍謄本等については、原本ではなくコピーでの提出も認められます。

## 戸籍謄本・住民票の写し等職務上請求書

| 例：被相続人　赤坂太郎　の 相続税申告業務を 妻 赤坂花子　より受託 | ＜日本税理士会連合会統一用紙＞　ヒナ型A |
|---|---|

No. 01-A-000000

## 戸籍謄本・住民票の写し等職務上請求書　　　見　本
（戸籍法第10条の2第3項、第4項及び住基法第12条の3第2項、第20条第4項による請求）

東京都港区　　　　　長　殿　　　　　　　平成　　年　　月　　日

| 請求の種別 | ☑戸籍　　□除籍　　□原戸籍　　　□謄本・抄本 □住民票　□除票　　□戸籍の附票　　　の写し □住民票記載事項証明書 | 通 |
|---|---|---|
| 本籍・住所　　※1 | | |
| 筆頭者の氏名 世帯主の氏名　　※2 | | |
| 請求に係る者の 氏名・範囲　　※3 | 氏名（ふりがな）　　あかさか　　たろう 　　　赤坂　太郎 生年月日　明.大.㊃平.西暦　24　年　5　月　5　日 | |
| 住基法第12条の3第7 項による基礎証明事 項以外の事項　　※4 | □世帯主　　□世帯主の氏名及び世帯主との続柄　　□本籍又は国籍・地域 □その他（　　　　　　　　　　　　　　　　　　　　　） | |
| 利用目的の種別 | 請求に際し明らかにしなければならない事項 | |
| 1 税理士法第2条第1項 第1号に規定する不服 申立て及びこれに関 する主張又は陳述に ついての代理業務に 必要な場合 | 事件及び代理手続の種類： 戸籍・住民票等の記載事項の利用目的： | |
| 2 上記1以外の場合で 受任事件又は事務に 関する業務を遂行する ために必要な場合 | 業務の種類：　被相続人　赤坂太郎　に係る相続税申告業務のため 依頼者の氏名又は名称：　赤坂　花子（妻） 依頼者について該当する事由　□権利行使又は義務履行　☑国等に提出　□その他正当な理由 上記に該当する具体的事由： 　　　〇〇税務署に提出のため | |
| 【請求者】 事務所所在地 事務所名　　※5 税理士氏名 電話番号 登録番号 | 〇〇税理士会所属　　法人番号　第　　　　号 東京都港区赤坂3丁目2番6号　赤坂中央ビル アクタス税理士法人 税理士　〇〇〇〇 03-3224-8888 登録番号　第　　　　号 | 職印 |
| 【使　者】 住　所　　※6 氏　名 | 住所 氏名　　　　　　　　　　　　　印 | |

〇〇税理士会事務局電話　　　（　　　）

※1・2欄　戸籍謄本等、又は戸籍の附票の写しの請求の場合は、本籍・筆頭者を、また、住民票の写し等の請求の場合は、住所・世帯主を記載する。
※3欄　　戸籍の抄本・記載事項証明又は住民票の写しの請求の場合は、請求に係る者の氏名、又は請求に係る者の範囲を記載する。なお、請求
　　　　に係る者の氏名のふりがな・生年月日は、判明している場合に記載する。
　　　　また、外国人住民にあっては氏名は通称を含むほか、生年月日は西暦を用いる。
※4欄　　基礎証明事項とは、住基法第7条第1号から第3号まで及び第6号から第8号までに定める事項（外国人住民にあっては、法第7条第1号に
　　　　掲げる事項及び通称、同条第2号、第3号、第7号及び第8号に掲げる事項並びに法第30条の45に規定する外国人住民となった年月日）を
　　　　いい、これ以外の住民票の記載事項を記載した写し等を求める場合はその求める事項を記入する。
※5欄　　職印は業務において通常使用しているものを押印する。
　　　　税理士法人が請求する場合は、法人の名称及び事務所の所在地、代表税理士の氏名及び法人番号を記載する。
※6欄　　使者は自宅住所を記載する。事務職員身分証明書を有する場合は、事務所の所在地を記載する。

## 8　戸籍証明書等の広域交付

　令和6年3月1日から戸籍法の一部を改正する法律が施行され、戸籍謄本等の広域交付制度が設けられました。今までは戸籍謄本等を取得する際にその戸籍が所在する本籍地の市区町村に個別に請求する必要がありました。実際に戸籍謄本等を見ること自体が多くない中で、それらを読み解き戸籍謄本等をすべて取得するということはそれなりに大変な作業でした。さらに、令和6年4月1日から相続不動産の登記義務化が行われたこともあり、なるべくその前提となる戸籍謄本等の取得をしやすくするべきとの観点から設けられました。

　具体的には、本籍地以外の市区町村の窓口でも戸籍証明書、除籍証明書を請求できるようになり、取得したい戸籍謄本等の本籍地が全国各地にあっても、1か所の市区町村の窓口でまとめて請求できます。このように便利な制度にはなりますが、いくつか注意点があります。まず、請求できる範囲は、本人、配偶者、直系尊属、直系卑属の戸籍謄本等に限られます。そのため、第3順位の兄弟姉妹の戸籍謄本等は取得できません。また、コンピュータ化されていない一部の戸籍謄本・除籍謄本等は除かれます。請求する際の手続きについては、請求する方本人が市区町村の戸籍担当窓口に出向いて請求しなければならず、郵送や代理人による請求はできません。請求の際は窓口で本人確認が行われますので、マイナンバーカードや運転免許証などの顔写真付きの身分証明書の提示が必要になります。

　このように気をつけなければならないこともありますが、非常に便利な制度が設けられましたので、案件により相続人に案内して取得をすることも増えると思います。相続人がある程度判明している場合や手続きを相続人にお願いできる状況かなどを見極めて、戸籍謄本等の取得の案内を変えたり、税理士側で代理取得する方がよいかどうかを判断することが必要となります。

## 9　法定相続情報証明制度

　相続人を確定させるためには、必要な戸籍謄本等を一式すべて、相続手続き

を行おうとする法務局、各金融機関等に提出する必要があります。戸籍謄本等は原本還付されることが多いとはいえ、還付に時間がかかったり、同時に複数の手続きを進めるために部数を多く申請するとコストもかかってしまいます。このような場合に利用するのが、法定相続情報証明制度です。

　申請者が自身で法定相続情報一覧図を作成し、法務局に戸籍謄本等の相続人が確定できる書類一式をあわせて提出することにより、法務局が確認をした後、法定相続情報一覧図にした形にして交付されます。この一覧図の提出により不動産登記をはじめとして各種金融機関等で戸籍謄本等を提出しなくても、相続手続きが進められるようになります。この制度は、当初相続手続きが放置されたままとなっている不動産の登記を促進させることを目的としていましたが、申請する側も申請される側も、手続き面の負担軽減が図られることから、多くの金融機関等でこの制度による相続手続きを取り扱うようになっています。

　最近では、金融機関によっては、法定相続情報一覧図の写し（法務局の発行する認証文付きの書類原本）をまず提出してもらう資料とし、提出できない場合は戸籍謄本等の一式を提出というように優先順位が変わってきています。一覧図の写しは何枚でも無料で交付されますので、非常に使いやすくなっています。法務局への申出については、原則として相続人のみができますが、申出人の親族および弁護士、司法書士、行政書士、税理士等の資格者に代理人を依頼することができます。日本税理士会連合会より税理士向けの委任状のひな形も公開されていますので、そちらも参考にしてください。

　相続税の申告においても、戸籍謄本等に代えてこの法定相続情報一覧図の写しまたはそのコピーを提出することが認められています。ただし、子の続柄が、実子または養子のいずれかであるかがわかるように記載されている必要があり、また養子がいる場合にはその養子の戸籍謄本等の原本またはそのコピーの添付が必要になります。

:::: 法定相続情報証明 ::::

別紙2

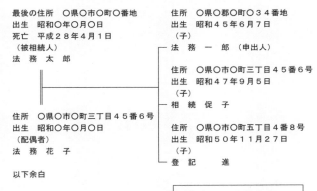

(記載例)　　　被相続人法務太郎法定相続情報

これは，平成○年○月○日に申出のあった当局保管に係る
法定相続情報一覧図の写しである。
　　平成○年○月○日
　　　○○法務局○○出張所　　登記官　○○　○○ 職印
　注）本書面は，提出された戸除籍謄本等の記載に基づくものである。相続放棄
　　に関しては，本書面に記載されない。また，相続手続以外に利用することはできない。
　　　　　　　　　　　　　　　　　　　　　　　整理番号　○00000　1／1

(法務局ホームページ)

第2章　相続人の確定　　49

## 法定相続情報証明の委任状

記載例【日本税理士会連合会ヒナ型】

# 委 任 状

私は、次の税理士(税理士法人)を受任者として、以下に掲げる権限を委任します。

※受任者が税理士の場合　　　　〔事務所住所〕　○県○市○町1丁目2番3号
　　　　　　　　　　　　　　　〔氏　　　名〕　税理士 税務次郎
　　　　　　　　　　　　　　　〔電　　　話〕　(○○○)○○○-○○○○

　　　【連絡先】　　　　　　　〔担当者名〕　税理士 税務花子
　　　　　　　　　　　　　　　〔電　　　話〕　(○○○)○○○-○○○○

※受任者が税理士法人の場合　　〔事務所住所〕　○県○市○町1丁目2番3号
　　　　　　　　　　　　　　　〔法　人　名〕　日本税理士法人
　　　　　　　　　　　　　　　〔電　　　話〕　(○○○)○○○-○○○○

　　　【連絡先】　　　　　　　〔事務所住所〕　○県○市○町4丁目5番6号
　　　　　　　　　　　　　　　〔法　人　名〕　日本税理士法人 東支店
　　　　　　　　　　　　　　　〔担当者名〕　税理士 税務愛子
　　　　　　　　　　　　　　　〔電　　　話〕　(○○○) ○○○-○○○○

一　被相続人山田太郎(平成○○年○○月○○日死亡)の法定相続情報一覧図の保管及び交付申出書を必要書類を添えて管轄登記所に提出すること

　　　　〔利用目的〕　例：被相続人山田太郎に係る金融機関の預貯金に係る名義変更及び払戻しのため
　　　　〔必要通数〕　○通

二　当該法定相続情報一覧図の写し及び返却書類を受領すること

三　交付申出書に不備がある場合に、当該申し出を訂正すること及び添付書類を補完すること

四　交付の申し出を取り止めること

五　復代理人を選任、変更又は解任すること

六　上記一から五までのほか、法定相続情報一覧図の保管及び交付申し出に関し必要な一切の権限

　平成○○年○○月○○日

　　　　　　　　　　　　　　　（委任者）　〔住所〕　○県○郡○町○○45番地

　　　　　　　　　　　　　　　　　　　　　〔氏名〕　山田 一郎　　㊞

（日本税理士会連合会ホームページ）

# 3 遺言書の確認

## 1 遺言の効力

　亡くなった方が遺言を残している場合は、原則的にその遺言の内容に基づき財産の処分が行われます。よって、遺言に指定された者に対して包括または特定の財産を引き継がせることができます（遺贈）。相続税の計算上「誰が財産または債務を取得したのか」ということを確認する必要があるため、遺言がある場合は、必ずその内容を確認する必要があります。一方、遺言がない場合や特定の財産または債務のみしか記載がない遺言であれば、残りの財産または債務について遺産分割協議を行う必要があります。このように、遺言があるかないかにより、確認すべき書類や今後の進め方が大きく変わってきます。

　一般的に遺言の種類は、「自筆証書遺言」「公正証書遺言」「秘密証書遺言」の３つがあり、「公正証書遺言」以外の２つについては、細かく遺言作成のルールが民法で決められているため、そのルールに則ったものかどうか必ず確認する必要があります。もしルールに則っていない遺言の場合は、その内容や場合によっては、遺言そのものが無効になることもあります。そうなると故人の特に重要な財産の処分という意思が実行されないだけでなく、法律的には単なる気持ちを伝えた手紙と同じ扱いになってしまうため、相続人間で無用な混乱が生じる可能性があります。さらに無効になってしまうと、遺産分割協議も行わなければならなくなるため、税理士といえどもこの法律的な取扱いは知っておく必要があります。主な遺言の種類３つのうち実際に多く使われているのは、「自筆証書遺言」と「公正証書遺言」の２つになります。

## 2 自筆証書遺言

　自筆証書遺言は、民法 968 条に規定されており、要件は、文字どおり全文と

第２章　相続人の確定　*51*

日付および氏名を自書し、さらに押印し作成します。そのため、サインだけ自書をすることや実印を押すなどだけでは無効となります。このように要件は非常にシンプルで、他に特に指定がありませんので、例えばメモ用紙に記載しても、チラシの裏面に書いても問題ありません。印鑑も実印によることを求められていないため、認印でも問題ありません。特に証人も必要ありません。作成後は、必ずしも封に入れなければならないわけでもなく、また、保管もどのようにしても問題ありません。非常に簡単でいつでもどこでも思いついたらすぐに作成できるということが大きなメリットになり、費用をかけたくない場合もこの自筆証書遺言は有用です。

　手軽にできる一方で、要件があまり厳しくないが故に、実際に作成した遺言が実効性を担保できるかが問題となります。決められた用紙や保管場所なども決まっていないため、相続人のためを思って作成した遺言であっても、見つからない可能性も高くなります。同居している相続人であれば、見つけられる可能性もありますが、見つけやすい場所であれば、事前に相続人が見てしまうこともありますし、逆に見つけにくい場所であれば相続後に見つからない可能性が高くなります。同居していない相続人であればなおさら見つける可能性は低くなるでしょう。見つからないという場合の他に、相続人の誰かが見つけたとしても、都合がよくない内容であれば破棄や隠匿等をする可能性もあります。中には改ざんする可能性もあるでしょう。本来はあってはならないことで、このように隠蔽や隠匿、改ざん等した場合には、その者は相続資格を失うことになりますが、元々どのような内容で、いつ作成したかという事実が他の何かで証明できるわけではないので、実際には、これらが行われる可能性は否定できません。これらの想定は遺言の存否そのものに関してでしたが、これらの他、すべて1人で作成したりすると、法律的な不備が生じたり、遺言自体が有効でも、記載内容が曖昧で相続人等がその内容を判断しかねる場合も出てきます。自筆証書遺言はこのように問題点が多数ありますので、作成する際は十分注意する必要があります。

　相続後に自筆証書遺言が発見された場合は、遺言書の保管者または発見した

相続人は，遺言者の死亡を知った後，遅滞なく遺言書を家庭裁判所に提出して，その「検認」を請求しなければなりません。また，封印のある遺言書は，家庭裁判所で相続人等の立会いの上開封しなければならないことになっています。検認とは，相続人に対し遺言の存在およびその内容を知らせるとともに，遺言書の形状，加除訂正の状態，日付，署名など検認の日現在における遺言書の内容を明確にして遺言書の偽造・変造を防止するための手続きであり、遺言の有効・無効を判断する手続きではありません。自筆証書遺言は、検認手続きをしなければ財産の名義変更等をすることができませんので、検認済証明書の発行を行い、自筆証書遺言と検認済証明書の両方を使って手続きをすることになります。

## 3 公正証書遺言

公正証書遺言については、先ほどの自筆証書遺言と異なり、要件が細かく定められています。

---

<民法 969 条>
一　証人二人以上の立会いがあること。
二　遺言者が遺言の趣旨を公証人に口授すること。
三　公証人が、遺言者の口述を筆記し、これを遺言者及び証人に読み聞かせ、又は閲覧させること。
四　遺言者及び証人が、筆記の正確なことを承認した後、各自これに署名し、印を押すこと。ただし、遺言者が署名することができない場合は、公証人がその事由を付記して、署名に代えることができる。
五　公証人が、その証書は前各号に掲げる方式に従って作ったものである旨を付記して、これに署名し、印を押すこと。

---

このように、公証人が 2 人以上の立会いのもと、遺言者の遺言の趣旨を口授したものを遺言書として作成をします。遺言を作成する公証人は、主に判事や検事などを長く務めた法律実務の経験が豊かな方が務めています。法律に精通している専門家が作成することにより、遺言内容に争いが生じたり無効になることが少なく、また、厳格な手続きのもと作成されるため検認手続きが不要で、

第 2 章　相続人の確定　53

相続開始後速やかに遺言の執行に入ることができます。さらに、作成した遺言書の原本が公証役場で保管されるため、偽造、破棄、隠匿などの恐れがないことが大きなメリットとなり、先ほどの自筆証書遺言のような問題は生じません。なお、遺言者本人には通常遺言書の正本および謄本が手渡されます。

## 4 公正証書遺言の存否の確認方法

　相続が発生した際に、相続人等により「公正証書遺言」の正本または謄本が見つかった際には、それに従って、原則的に相続手続きを進めていけばよいのですが、問題は遺言が見つからない場合です。遺言を作成したことは知っている、もしくは、被相続人の性格上おそらく作ったのではないかと推測されるようなケースでは、「公正証書遺言」の場合はその存否を確認することができます。先ほど原本が公証役場に保管されると述べましたが、その保管されている原本を確認することができます。公正証書の保存期間は 20 年と定められており、さらに特別の事由により保存の必要があるときは、その事由のある間は保存しなければならないとされています。遺言公正証書は、この「特別の事由」に該当するとされており、遺言者の死亡後 50 年、証書作成後 140 年または遺言者の生後 170 年間保存する取扱いとなっています。さらに、震災等により、遺言公正証書の原本、正本および謄本が全て滅失した場合でも、その復元ができるようにするため、平成 26 年以降に作成された全国の遺言公正証書の原本については、これらの電磁的記録（遺言証書 PDF）を作成して、二重に保存するシステムを構築しているので、記録保管の点からも安心です。このように紛失リスクはほぼないといえます。

　さて、実際に公正証書遺言の存否を確認する場合は、近くの公証役場にまず行くとよいでしょう。平成元年以降に作成された公正証書遺言であれば、日本公証人連合会において、全国的に、公正証書遺言を作成した公証役場名、公証人名、遺言者名、作成年月日等をコンピューターで管理していますから、すぐに調べることができます。ここで検索できた場合、その作成した公証役場に行くことによりその保管されている公正証書遺言の謄本を受け取ることができま

す。なお、コンピューター管理される前の古い公正証書遺言であれば、作成した公証役場に行って確認する必要があるため、自宅や職場の近くなど立ち寄りそうな公証役場を地道に当たっていくことになります。

　なお、公正証書遺言の作成者が相続開始前の状況であると、いくら妻や子といっても公証役場にいって無断で照会等をすることはできません。この確認方法はあくまで作成者が死亡した後ということになります。

# 公正証書遺言

## 公正証書遺言の作成例

平成27年第○○号

### 遺 言 公 正 証 書

　本公証人は，遺言者甲野太郎の嘱託により，後記証人2名の立会いの下に，遺言者の口述を筆記してこの証書を作成する。

第1条　遺言者は，遺言者の有する次の財産を，遺言者の妻甲野花子（昭和○年○月○日生）に相続させる。

（1）不動産

　　ア　土　地

　　　　所　在　　○○市○○町○丁目

　　　　地　番　　○番○

　　　　地　目　　宅地

　　　　地　積　　○○．○○㎡

　　イ　建　物

　　　　所　在　　○○市○○町○丁目○番地○

　　　　家屋番号　　○○番

　　　　構　造　　木造瓦葺2階建

　　　　床面積　　1階　○○．○○㎡

　　　　　　　　　2階　○○．○○㎡

（2）預貯金

　　　次の金融機関に存在する預貯金を含め，第2条に記載する預金を除く預貯金全部

　　　　　○○銀行（○○支店）

　　　　　ゆうちょ銀行

第2条　遺言者は，遺言者の有する次の預金の払戻しを受け，遺言者の一切の債務

公証人役場

56

第8行中，6字削除，6字加入

印（公証人）　印（遺言者）　印（証人）　印（証人）

| | |
|---|---|
| の弁済及びこの遺言の執行に関する費用の支払に充てた残金につき，遺言者の長 | 1 |
| 男甲野一郎（昭和〇年〇月〇日生）及び同次男甲野次郎（昭和〇年〇月〇日生） | 2 |
| にそれぞれ3分の1を相続させる。 | 3 |
| 　　　　　〇〇銀行（〇〇支店）の遺言者名義の定期預金 | 4 |
| 　　　　〔口座番号〇〇〇〇〇〇〇〕 | 5 |
| 第3条　遺言者は，前各条に記載した財産以外の，遺言者の有する動産その他一切 | 6 |
| の財産を，妻甲野花子に相続させる。　　　　次男甲野次郎 | 7 |
| 第4条　遺言者は，祖先の祭祀の主宰者として，~~長男甲野一郎~~を指定する。 | 8 |
| 第5条　遺言者は，この遺言の遺言執行者として，次の者を指定する。 | 9 |
| 　　　　住　　所　　〇〇市〇〇町〇番地〇 | 10 |
| 　　　　職　　業　　弁護士 | 11 |
| 　　　　氏　　名　　乙山一夫 | 12 |
| 　　　　生年月日　　昭和〇年〇月〇日 | 13 |
| 2　遺言執行者は，遺言者の有する株式，預貯金等の金融資産について名義変更， | 14 |
| 　解約及び払戻し等をする権限その他この遺言を執行するに必要な一切の権限を | 15 |
| 有する。 | 16 |
| 　　　　　　　　　　　　　　　　　　　　　　　　　　　以　上 | 17 |
| 　　　　　　　　　　　本旨外要件 | 18 |
| 　　　住　所　　　〇〇市〇〇町〇番地〇 | 19 |
| 　　　職　業　　　会社役員 | 20 |
| 　　　　遺　言　者　　甲　野　太　郎 | 21 |
| 　　　　　　　　　　昭和〇年〇月〇日生 | 22 |
| 上記は，印鑑登録証明書の提出により，人違いでないことを証明させた。 | 23 |
| 　　　住　所　　　〇〇市〇〇町〇番地〇 | 24 |

公証人役場

第2章　相続人の確定　57

| | |
|---|---|
| 職　業　　弁護士 | 1 |
| 　　証　人　　乙　山　一　夫 | 2 |
| 　　　　昭和○年○月○日生 | 3 |
| 住　所　　○○市○○町○番地○ | 4 |
| 職　業　　法律事務職員 | 5 |
| 　　証　人　　丙　川　春　子 | 6 |
| 　　　　昭和○年○月○日生 | 7 |
| 以上を遺言者及び証人に読み聞かせ，かつ閲覧させたところ，各自その筆記の正 | 8 |
| 確なことを承認し，次に署名押印する。 | 9 |
| 　　遺　言　者　　甲　野　太　郎　㊞ | 10 |
| 　　　　証　人　　乙　山　一　夫　㊞ | 11 |
| 　　　　証　人　　丙　川　春　子　㊞ | 12 |
| この証書は，平成２７年９月８日，本公証人役場において，民法第９６９条第１ | 13 |
| 号ないし第４号に定める方式に従って作成し，同条第５号に基づき，本公証人次に | 14 |
| 署名押印する。 | 15 |
| 　　　〔役場所在地〕 | 16 |
| 　　　　○○法務局所属 | 17 |
| 　　　　公　証　人　　公　証　太　郎　㊞ | 18 |
| | 19 |
| | 20 |
| | 21 |
| | 22 |
| | 23 |
| | 24 |

※　行書体の部分は自書。　　　　　　　　　　　　　　公証人役場

（出典：法制審議会民法（相続関係）部会第５回会議　参考資料４「自筆証書遺言と公正
　　証書遺言の作成例」）

## 5 自筆証書遺言に関する法式緩和

### (1) 改正点の概要

　自筆証書遺言において大きなネックになっていたのが、遺言者がその全文を自書しなければならないという点です。内容がシンプルなものであれば、この自筆のハードルは低いといえますが、遺言者の多くが高齢者等であることなどから、財産の種類が多い場合や、不動産を多数所有している場合などにおいては、全文を自書することはかなりの労力を伴うものであり、この点が自筆証書遺言の利用を妨げる要因の1つでした。しかも、かなりの労力を割いた後に、意思の変更、相続財産や相続人の変更など、後から書き直す必要が生じた場合には、毎回同様のことを行わなければならないという抵抗感も生じ、また、遺言内容の加除訂正についても、民法の規定により、厳格な方式が取られていることから、間違いのない遺言を自身で作成しなければならないというプレッシャーからも敬遠される要因となっていました。

　今回の相続法改正によって、これらの手続きをできるだけ簡便化できるよう、全文を自書しなければならない点を改め、財産目録については、自書によることを要しない内容に改正がされました。これにより、作成の手間を大きく減らすことができると期待されています。この改正は平成31年1月13日から作成された遺言から有効なため、作成日付は特に注意しなければなりません。

### (2) 自書要件の改正

　自筆証書遺言において規定されている「全文を自書」という要件のうち、「財産目録について、自書によることを要しない」という改正がされました。しかし、その目録自体は自書によらなくてもよいのですが、財産目録の改ざん等の可能性もあることから、その目録の毎葉に署名し、印を押さなければならないとされています。また、両面にその記載がある場合には、両面ともに署名、押印が必要となります。

第2章　相続人の確定　　59

> ＜民法 968 条（改正後）＞
> … （1 項　筆者省略） …
> 2　前項の規定にかかわらず、自筆証書にこれと一体のものとして相続財産
> （第 997 条第 1 項に規定する場合における同項に規定する権利を含む。）の
> 全部又は一部の目録を添付する場合には、その目録については、自書する
> ことを要しない。この場合において、遺言者は、その目録の毎葉（自書に
> よらない記載がその両面にある場合にあっては、その両面）に署名し、印
> を押さなければならない。
> 3　自筆証書（前項の目録を含む。）中の加除その他の変更は、遺言者が、そ
> の場所を指示し、これを変更した旨を付記して特にこれに署名し、かつ、
> その変更の場所に印を押さなければ、その効力を生じない。

## (3)　財産目録の例示

　財産目録の形式その他については、特に指定がなく、次の資料のような作成
方法がその一例です。この資料のケースであれば、遺言書については、従来と
同様に遺言者がその全文、日付および氏名を自書し、遺言者が遺言書に押印す
ることが必要となり、加除訂正の場合も同様の手続きが必要となります。遺言
書以外の別紙一〜四の財産目録については、それぞれワープロによるもの、預
金通帳のコピーを利用したもの、不動産の登記事項証明書を利用したものなど
の方法でも問題なく、これらのように自書しない場合には、それぞれのページ
ごとに署名および押印が必要となります。また、加除訂正の方法も同様です。
不動産のケースのように細かい記載が必要とされるものについては、従来の自
書に比べて資料の添付でよいとされることは、非常に簡便的になるといえます。
財産目録の形式を採った場合に、遺言書本文と財産目録の間に契印が必要かと
いう問題がありますが、現在の遺言書が複数頁にわたる場合においても特段要
件に含まれていないため、契印は不要です。

**財産目録を利用した遺言書**

## 遺言書

一　長女花子に，別紙一の不動産及び別紙二の預
　金を相続させる。

二　長男一郎に，別紙三の不動産を相続させる。

三　東京和男に，別紙四の~~動産~~株式を遺贈する。
　　　　　　　　　　　　　　株式㊞


　　令和元年十二月十九日
　　　　　　法　務　五　郎　㊞


　　上記三中，二字削除二字追加
　　　　　　法　務　五　郎

別紙一

目　　録

一　所　　在　　東京都千代田区霞が関一丁目
　　地　　番　　〇番〇号
　　地　　目　　宅地
　　地　　積　　〇平方メートル

　　　　　　　　　　　　　　霞が関 ㊞

二　所　　在　　東京都千代田区九段南一丁目〇番〇号
　　家屋番号　　〇番〇
　　種　　類　　居宅
　　構　　造　　木造瓦葺2階建て
　　床面積　　　1階　〇平方メートル
　　　　　　　　2階　〇平方メートル


　　　　　　法　務　五　郎　　㊞


　　上記二中，三字削除三字追加
　　　　　　法　務　五　郎

別紙二

---

普通預金通帳 ◯銀行
◯支店

お名前

法 務 五 郎 様

店番 口座番号

◯◯ ◯◯◯

※ 通帳のコピー

---

法 務 五 郎 ㊞

第2章 相続人の確定 63

別紙三

様式例・1

| 表 題 部 （土地の表示） | | 調製 | 余白 | | 不動産番号 | 0000000000000 |
|---|---|---|---|---|---|---|

| 地図番号 | 余白 | | 筆界特定 | 余白 | | |
|---|---|---|---|---|---|---|

| 所 在 | 特別区南都町一丁目 | | | 余白 |
|---|---|---|---|---|

| ① 地 番 | ②地目 | ③ 地 積 ㎡ | 原因及びその日付〔登記の日付〕 |
|---|---|---|---|
| 101番 | 宅地 | 300：00 | 不詳<br>〔平成20年10月14日〕 |

| 所 有 者 | 特別区南都町一丁目1番1号 甲 野 太 郎 |
|---|---|

| 権 利 部 （甲 区） （所 有 権 に 関 す る 事 項） | | | |
|---|---|---|---|
| 順位番号 | 登 記 の 目 的 | 受付年月日・受付番号 | 権 利 者 そ の 他 の 事 項 |
| 1 | 所有権保存 | 平成20年10月15日<br>第637号 | 所有者 特別区南都町一丁目1番1号<br>甲 野 太 郎 |
| 2 | 所有権移転 | 平成20年10月27日<br>第718号 | 原因 平成20年10月26日売買<br>所有者 特別区南都町一丁目5番5号<br>法 務 五 郎 |

| 権 利 部 （乙 区） （所 有 権 以 外 の 権 利 に 関 す る 事 項） | | | |
|---|---|---|---|
| 順位番号 | 登 記 の 目 的 | 受付年月日・受付番号 | 権 利 者 そ の 他 の 事 項 |
| 1 | 抵当権設定 | 平成20年11月12日<br>第807号 | 原因 平成20年11月4日金銭消費貸借同日<br>　　設定<br>債権額 金4，000万円<br>利息 年2・60％（年365日日割計算）<br>損害金 年14・5％（年365日日割計算）<br>債務者 特別区南都町一丁目5番5号<br>　　　法 務 五 郎<br>抵当権者 特別区北都町三丁目3番3号<br>　　　株 式 会 社 南 北 銀 行<br>　　　（取扱店 南都支店）<br>共同担保 目録(あ)第2340号 |

| 共 同 担 保 目 録 | | | | |
|---|---|---|---|---|
| 記号及び番号 | (あ)第2340号 | | 調製 | 平成20年11月12日 |
| 番 号 | 担保の目的である権利の表示 | 順位番号 | 予 備 | |
| 1 | 特別区南都町一丁目 101番の土地 | 1 | 余白 | |
| 2 | 特別区南都町一丁目 101番地 家屋番号 1<br>01番の建物 | 1 | 余白 | |

これは登記記録に記録されている事項の全部を証明した書面である。

法務五郎㊞

平成21年3月27日
関東法務局特別出張所　　　　　　　　　登記官　　　　　　法 務 八 郎

＊　下線のあるものは抹消事項であることを示す。　　　　　整理番号　D23992　（1／1）　　　1／1

別紙四

目　　録

私名義の株式会社法務組の株式　　１２０００株

法　務　五　郎　㊞

（出典：法制審議会民法（相続関係）部会第 25 回会議「参考資料遺言書（サンプル）」
を基に筆者一部改）

## 6 自筆証書遺言の保管制度の創設

### (1) 創設の概要

　自筆証書遺言におけるもう1つの問題点が遺言書の紛失や隠匿、改ざんなどの恐れがある点です。自筆証書遺言については、特に保管場所が定められていないため、紛失されるリスクというよりは、そもそも相続人等が見つけることができるのかという心配から始まります。金庫など、重要な財産の保管場所等に保管している場合もあれば、遺言書だけ別の場所においてある場合など様々です。さらに、本来あってはならないことではありますが、遺言書の内容を知り得た相続人等が自己に不利な内容であった場合に、隠匿や破棄などしても現実問題としてわからない可能性があり、遺言書としての存在意義が薄れてしまっているという懸念があります。

　これらの問題点を解決するため、公正証書遺言と同じように外部に保管場所を設け、検索等もかけられるようにしたのが、新たに創設された自筆証書遺言の保管制度です。

　この制度を利用した場合には、家庭裁判所による検認手続きも不要となります。そのため、自筆証書遺言の優位性がある利便性や費用面などを活かしながら、遺言書の真正をめぐる争いや紛失等のリスクを抑え、検認手続きも不要となることによる相続後の手続きの利便性も高まります。この制度については、民法による規定ではなく「法務局における遺言書の保管等に関する法律」（以下「遺言書保管法」といいます）により要件が整備されています。

### (2) 制度の内容

　まずこの制度は自筆証書遺言のみが対象となりますので、公正証書遺言や秘密証書遺言は対象となりません。一番肝心な遺言の保管場所ですが、指定された法務局が保管場所となり、この保管場所は「遺言書保管所」という名称になります。公正証書遺言の場合は公証役場となっていましたが、この制度では法務局になります。保管の申請の際は、封をしない一定の様式で作成された遺言書を遺言者の住所地もしくは本籍地または遺言者が所有する不動産の所在地を

管轄する遺言書保管所に遺言者本人が出向いて持参する必要があります。また、申請の際には、遺言書の作成年月日、作成者の氏名、生年月日、住所、本籍などを記載した所定の申請書をあわせて提出する必要があります。これらの情報および遺言書の原本の画像をデータ管理することになります。このデータ管理をする目的は、遺言書の検索を可能にするためです。遺言書を申請した遺言書保管所には、遺言書の原本が保管されますが、この保管された遺言書のデータは他の遺言書保管所から検索することができます。遺言者が死亡した場合には、相続人、受遺者、遺言執行者等が遺言書保管ファイルに記載されている遺言書の画像情報やその他の遺言書保管ファイルにて記録されている内容、遺言書の保管開始年月日や保管所の名称、保管番号などを記載した「遺言書情報証明書」の交付請求ができます。その遺言書の遺言書保管所においては遺言書原本の閲覧請求もできます。なお、交付請求については、その遺言書が保管されている遺言書保管所以外においても請求することができます。このように、公正証書遺言をどこの公証役場でも検索がかけられるのと同様に、保管されている自筆証書遺言であれば、近くの遺言書保管所に出向いた上で、確認を取るということが今後必要になるケースが多くなると思われます。

　この制度の優れているところは、遺言書保管官がこの遺言書情報証明書を交付した場合または相続人等に遺言書の閲覧をさせたときは、速やかに、その遺言書を保管している旨が遺言者の相続人、受遺者および遺言執行者に通知される点です。そのため、特定の者が他の相続人等に対して秘密裏に行動をするということはできません。さらに、根本的に遺言書の保管の最終的な目的である遺言者死亡後、遺言者の相続人や遺言書に記載された受遺者等および遺言執行者等において、閲覧や遺言書情報証明書を取得してもらい、遺言書の内容を知ってもらうことを実現するために、遺言者が指定した人への通知が届くという制度が設けられています。具体的には、市区町村の戸籍担当部局と連携して遺言書保管官が遺言者の死亡の事実を確認した場合に、あらかじめ遺言者が指定した人（3名まで指定可）に対して、遺言書が保管されている旨が通知されます。これは任意で設けられている制度になり、事前に遺言者が指定をするこ

とが必要になります。

　以上のように自筆証書遺言の保管制度は、従来の自筆証書遺言におけるデメリットを解消しながら、さらに実効性の高いものになっています。令和2年7月10日から施行された制度になりますので、現時点ではまだ相続申告の際には実際に目にする機会は少ないかもしれませんが、今後増加していくことが想定されると思います。

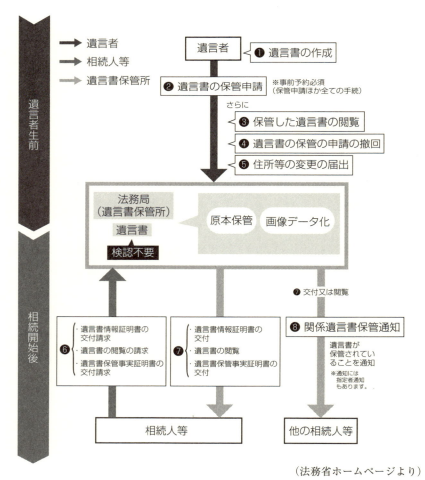

（法務省ホームページより）

## 7 遺言がある場合の資料収集

　遺言がある場合は、財産を取得する者が決まるという点はもちろんのことですが、さらに、財産の漏れを防止できるという点も大きなポイントとなります。「遺言者は、遺言者の有する一切の財産を、妻○○に相続させる。」という内容であれば別ですが、下記の例のように、特定の財産を列挙している場合は、少なくともその財産は現存する可能性が高いことになります。

### 遺言書

例

```
                    遺　言　書


　遺言者は、遺言者名義の下記預金債権を、妻○○に相続させる。
                       記
1　株式会社○○銀行 A 支店　総合口座通帳　普通預金
    口座番号　1234567
1　株式会社△△銀行 B 支店　スーパー定期 300
    口座番号　2345678
```

　相続の難しいところの1つに「財産を所有していた人がこの世にいない」ことが挙げられます。自分で管理していない財産をもれなく探すことは思ったより大変です。しかし、自分の財産をどのように処分しようかという遺言であれば、基本的に財産の漏れが生じることは少なくなります。よってこのように1つ1つ定めている遺言がある場合には、財産確認を確実に行うことができます。後述しますが、預金がきちんと把握できるだけで、今までのお金の動きから色々なことがわかってきますので、これらは大きなヒントになります。その他税理士を中心とした専門家が遺言書作成に関わっていることがわかれば、遺留分等の対策のため、また今後の税対策の観点から、当時の財産の一覧を作成している可能性が高くなります。遺言書と別にこのような資料が見つかることも

第2章　相続人の確定　　69

あり大きなヒントとなりますので、遺言があるかないかは大きなポイントとなります。

## 8　遺留分制度と遺留分侵害額請求

　遺言がある場合には、原則遺言どおりの遺産の取得となりますが、遺留分を侵害している場合には、遺留分権利者から侵害者に対して遺留分侵害額請求が行われる可能性があります。遺留分侵害額請求は相続人等の間で直接請求を起こすことになりますので、争いになることが想定されます。遺留分の算定については、過去の一定の贈与なども考慮する必要がありますので、これらも含めて将来争いが起こらないように遺言作成の支援をする際などには、検討する必要があります。なお、実際に侵害額請求手続きを行う場合やその後の交渉については、税理士としてはもちろん携わることができませんが、もめないための相続対策をする際の遺言の作成支援などにおいて、制度を知らなければより良いアドバイスはできません。一般的な知識で十分かと思いますので、改めて簡単に紹介をします。

　遺言がある場合には故人の遺思を最大限考慮するため、その内容に従い遺産分割が行われます。一方で、相続人の立場からすると、相続に期待する部分もあります。最低限の相続人の権利保護のための規定が遺留分制度です。ではどのくらいの権利保護がされているかというと、一部例外はありますが、次に示す図表のとおり、相続分の2分の1が遺留分の権利ということになります。例外的なものとしては直系尊属や兄弟姉妹が相続人になる場合です。特に兄弟姉妹については、遺留分はゼロというところが大きなポイントになります。そのため、相続人が配偶者と兄弟姉妹という場合には、配偶者に全財産を残したいという意思は遺言により100％実現できることになります。なお、兄弟姉妹の場合は高齢の方が相続人になることが多く、遺産分割協議を行ったり各種名義変更手続きをすることは非常に大変になりますので、相続手続きを簡便化させるためにも、遺言を残すことは有効です。

## 【相続分と遺留分】

| 相続人 | 相続分 | | 遺留分 | |
|---|---|---|---|---|
| 配偶者のみ | 1 | | 1/2 | |
| 配偶者と子供 | 配偶者<br>1/2 | 子供<br>1/2 | 配偶者<br>1/4 | 子供<br>1/4 |
| 配偶者と親 | 配偶者<br>2/3 | 親<br>1/3 | 配偶者<br>1/3 | 親<br>1/6 |
| 配偶者と兄弟姉妹 | 配偶者<br>3/4 | 兄弟姉妹<br>1/4 | 配偶者<br>1/2 | 兄弟姉妹<br>0 |
| 子供のみ | 1 | | 1/2 | |
| 親のみ | 1 | | 1/3 | |
| 兄弟姉妹のみ | 1 | | 0 | |

※該当者が複数いる場合は、記載の割合を人数で均等按分

# 4 遺産分割協議書

## 1 遺産分割協議書とは

　遺言がない場合には、一般的には相続人の間で誰がどの財産を相続するかを決める遺産分割協議が行われます。不動産や金融資産の相続手続き等の際には、どの相続人がその手続き対象の財産を相続するかを示す必要があるため、通常全体の相続に関してどのように遺産分割をしたかを証する遺産分割協議書を作成します。

　遺産分割協議書は、法律で形式等が細かく定められているわけではないですが、誰の相続の案件でどのような協議が相続人全員で行われたかということを明確にする必要がありますので、一般的には次のサンプルにあるような内容を記載します。誰が見ても同じ解釈ができるように、以下の点は必ず記載します。

・被相続人の氏名、住所、本籍地
・相続開始年月日
・相続人の氏名、住所

　これらの他は、内容に応じて記載します。主に財産に関することを記載しますので、財産が特定でき、その財産をどの相続人が取得するかを明記することが重要です。財産の記載の仕方は特に決まっていませんが、誤解が生じないように記載しなければなりませんので、サンプルのように、例えば不動産であれば登記の情報を記載し、銀行預金であれば銀行名や支店名、さらに特定させたい場合は口座番号や残高を記載します。各種手続きをする際に、この遺産分割協議書を提示する必要がありますので、人によって解釈が分かれないように記載することがポイントです。特定させる前提でお話していますが、例えば、すべての財産を2分の1ずつのような場合や、全財産を1人の相続人が取得する

といった場合には、個々の財産を記載しなくても問題ありませんので、分割の内容に応じて記載して問題ありません。遺産分割協議書の最後には、相続人全員の住所、氏名を記載し、実印を押します。住所および氏名は必ずしも自書しなくても問題ありませんが、第三者が勝手に作成したなどのトラブルを避けるためにも自書することをお勧めします。また、相続税の申告手続きにおいては、小規模宅地等の特例や配偶者の税額軽減規定の適用を受ける場合には自署が求められますので、基本的には自署すると覚えておいた方がよいでしょう。なお、印鑑は必ず実印となります。遺産分割協議書に基づき各種名義変更等の手続きができてしまうため、非常に重要な書類になりますので、実印により本人の意思確認を第三者が行うことができるようにします。当然ながら、不動産の名義変更を行う法務局や、口座の解約等を行う金融機関では、実印かどうかの確認をする必要があるため、相続人全員の印鑑証明書もセットで用意しなければなりません。

## 遺産分割協議書

# 遺　産　分　割　協　議　書

　　被相続人　赤坂　太郎　の遺産分割については、同人の相続人全員において分割協議を行った結果、各相続人がそれぞれ下記のとおり遺産を分割し取得することに合意した。

被相続人の表示
　　本　　　　　籍　　東京都●●区●●町●●番地
　　住　　　　　所　　東京都●●区●●町●丁目●番●号
　　被相続人氏名　　赤坂　太郎
　　相続開始の日　　令和●●年●●月●●日


相続人の表示
　　後記相続人記名欄記載のとおり


1.　　　相続人　赤坂一郎　は、次に掲げる不動産を取得する。

　　土　地
　　　　　所　　在　　　○○市○○町一丁目
　　　　　地　　番　　　２３番
　　　　　地　　目　　　宅地
　　　　　地　　積　　　１２３・４５平方メートル
　　建　物
　　　　　所　　在　　　○○市○○町一丁目２３番地
　　　　　家屋番号　　　２３番
　　　　　種　　類　　　居宅
　　　　　構　　造　　　木造かわらぶき２階建
　　　　　床面積　　　　１階４３・００平方メートル
　　　　　　　　　　　　２階２１・３４平方メートル


2.　　　相続人　赤坂一郎　は、次の被相続人名義の預貯金債権を取得する。

　（１）　　　●●銀行●●支店に有する預金債権のすべて
　（２）　　　●●銀行●●支店に有する預金債権のすべて
　（３）　　　●●銀行●●支店に有する貯金債権のすべて


3.　　　相続人　赤坂一郎　は、上記２までに掲げる財産以外の被相続人の現在判明している財産を取得する。


4.　　　相続人　赤坂一郎　は、被相続人の現在判明している債務及び葬儀費用を負担する。

5. 上記4までの遺産分割の代償として、相続人 赤坂一郎 は、同 赤坂次郎 に対し、
金 10,000,000 円を金銭にて支払うものとする。

6. 本遺産分割協議の対象とならなかった被相続人の財産及び債務が後日に確認又は発見
された場合は、その財産及び債務について、相続人の間で改めて協議し、分割を行うこ
ととする。

以上

　　　上記のとおり、遺産分割の協議が成立したことを証するため、本協議書を2通作成し、
署名・押印のうえ、各自その1通を保有する。


令和　　　年　　　月　　　日

　　相続人　住所　　東京都港区赤坂1丁目1番1号

　　　　　　氏名　　赤坂　一郎　　　　　　　　実印


　　相続人　住所　　東京都港区赤坂1丁目2番3号

　　　　　　氏名　　赤坂　次郎　　　　　　　　実印

## 2 遺産分割の方法

　遺産分割の方法については、現物分割（共有も含む）、換価分割、代償分割の３つがあります。遺産分割というと不動産は長男、銀行預金は二男などのように１つ１つの財産を分けていくイメージが強いと思います。これは現物分割という方法で一番わかりやすい方法でしょう。その他にも、銀行預金は長男と二男で半分ずつということももちろんできます。次にイメージしやすいのが換価分割です。有価証券や不動産などがあり平等に分けたいけど、特に将来持っておきたい財産ではない、このような場合には、遺産を換金して、お金で遺産分割の精算を行うという方法です。最後は代償分割という方法です。これは先の２つの方法に比べると馴染みがなくイメージがわきづらいかもしれません。しかし、実務では利便性が高く、実務上はしばしば出てくる分割方法になります。

　代償分割を活用すべき代表的なケースは、被相続人と長男が同居している不動産しか主な財産がなく、二男にも財産を渡さなければならないという場合です。長男としては同居している不動産を今後も住み続ける可能性が高く、不動産を取得したいと考えます。しかしそうすると二男は全く財産をもらえなくなります。では、不動産を共有した場合はどうなるでしょうか？　長男から家賃をもらえればよいかもしれませんが、もらえないとしたら、二男は特に何も利用できない一方で、固定資産税の支払いだけしなければならないということにもなりかねません。兄弟の間ではまだよいかもしれませんが、どちらかに相続が発生した場合には、今度は叔父と甥が共有するということにもなるかもしれません。一般的には、特に不動産の共有は避けた方がよいといわれており、このようなケースにおいては、代償分割による遺産分割を行います。長男が不動産をすべて取得する代わりに、長男自身が所有している財産、例えば預金から二男に対して代償金を支払って遺産分割協議をまとめます。兄弟間でお金のやりとりが発生するため贈与ではないかと心配する人もいるかと思いますが、相続における代償分割については、贈与ではなくあくまで相続の取扱いとなりま

す。相続におけるお金のやり取りになりますので、それを証明するためには、遺産分割協議書に明記する必要があります。サンプルの第5条の内容が代償金に関する条項になりますので、代償分割を検討する際は、このような文言を忘れずに入れるようにしてください。

# 5 配偶者居住権

## 1 配偶者居住権の創設

　相続法改正において配偶者居住権と配偶者短期居住権という権利が新たに創設されました。自宅の不動産の価値が高い場合は、今後の居住のためにその不動産を相続すると、全体の遺産額によっては、他の相続人の相続分を検討する結果、金融資産がほとんど相続できないという懸念がありました。そこで、不動産自体を所有権と居住権に分けて相続しやすいように整備したのがこの配偶者居住権です。

　もちろん、このようなパターンでの想定もありますが、実務上はこれらの他、現代の家族関係を反映した次のようなケースも想定されています。下記の例示のような家族関係の場合、現在の相続のルールでは、被相続人と再婚した妻が暮らしている自宅について今後の居住権の確保を確実に図ろうと思った場合は、妻に自宅を相続させる必要があります。しかし、次にこの不動産を相続した妻が亡くなり、その妻に子供がいない場合には、妻の兄弟に相続されることになります。被相続人である夫からすると、自分の血の繋がった子ではなく、義理の兄弟とはいえ直接血の繋がっていない親族に相続されてしまうことになります。一方で子と再婚後の妻の仲が悪い場合には、子に不動産を相続させてしまうと、妻の居住権が確保できない可能性があり、今後の生活に支障をきたすことになります。

このようなケースの場合、配偶者居住権制度があれば、終身の居住権は妻に、不動産の所有権は子にという内容の相続をさせることが可能になります。しかもこの制度は無償で使用収益できる権利となりますので、今後の妻の居住部分の生活はこれで確保できます。妻と子が円満な関係であれば、使用貸借で住まわせることで全く問題ありませんが、関係が複雑な場合には、この制度の利用も検討する必要がありますので、注意しなければなりません。

## 2 設定における留意点

配偶者居住権は無条件に設定されるものではなく、詳細は民法に規定されています。まず気をつけなければならないのは、遺産分割協議または遺言による遺贈によって配偶者居住権の設定をしなければならないという点です。次に、その居住建物が相続開始時点で配偶者以外の者と共有している場合は、配偶者居住権の設定ができません。また、配偶者居住権を設定した場合には、登記義務を負います。この他にも論点はありますが、これらの点をまずは確認してください。配偶者居住権を設定している場合には登記がされていますので登記情報を確認する際に、配偶者居住権の設定の有無を合わせて確認するとよいでしょう。

なお、配偶者居住権と似ている制度で配偶者短期居住権という制度も創設されました。名称は似ていますが、その権利の重みは全く異なります。これは、被相続人の家屋に無償で居住していた場合に、相続開始から遺産分割協議終了までまたは相続開始から6か月が経過する日のいずれか遅い日までは、特に手続きなしに、そのまま無償で住み続けることができる制度です。相続発生時にいきなり家を出なければならないということを避けるために、短期的な配偶者の居住確保を目的としています。このように一時的な使用に関する権利のため、特に財産的価値はなく、また手続きも不要なものになります。

配偶者居住権および配偶者短期居住権の制度は令和2年4月1日以後に開始する相続から適用されます。遺言に記載する場合は、同日以後作成される遺言書から適用されます。

第2章 相続人の確定 79

# 6 名義変更手続き

## 1 名義変更手続きの必要性

　相続が発生し、遺言がある場合や遺産分割協議が整ったら財産の名義変更を行う必要があります。名義変更をしないまま相続人が亡くなり、また相続が発生すると、一次相続における相続人が被相続人となってしまい、一次相続の他の相続人と二次相続の相続人が、手続きが終わっていない一次相続における財産の名義変更手続きをしなければならなくなるなど手続きが面倒になります。特に不動産の名義変更がされないまま残るケースが多くありますので、次世代に影響がないようきちんと手続きをすることが必要です。

## 2 必要書類

　名義変更手続きの際には、基本的にどの手続きにおいても以下の書類が必要になります。

> ・遺言書または遺産分割協議書
> ・被相続人の出生から死亡までのすべての戸籍謄本 ） または
> ・相続人や受遺者の戸籍謄本 　　　　　　　　　　　　法定相続情報一覧図
> ・遺産分割協議の場合は遺産分割協議書の押印した実印を証する印鑑証明書

　これらが必要な理由は、第三者が客観的な書類等に基づき、相続が発生しているのか、相続人が誰なのか、どのように遺産分割するのか、遺産分割協議の場合は本人が合意したかを把握する必要があるためです。そのため、これらの書類は、金融機関、不動産などあらゆる場面で必要になります。これらの書類は、基本的に原本を提示する必要がありますが、確認後に原本は還付されるこ

とがほとんどですので、複数の金融機関に口座がある場合などは、順番に手続きをすることにより一部あれば問題ありません。現在では、戸籍関係の書類は法定相続情報証明を提出することにより不要となることが多くなりましたので、複数の金融機関等を同時並行で手続きしたい場合は、この法定相続情報証明を積極的に利用するとよいでしょう。なお、これらの書類の有効期限は特に問われないことが通常ですが、印鑑証明書については、金融機関により発行日から例えば6か月以内のものなどといった指定が入ることが多いため注意してください。必要書類は銀行ごとに指定がありますので、ホームページなどで事前に確認しておくとよいでしょう。また、各金融機関ごとに所定の「相続届」などの書類の提出が求められますので、指示に従い記載および提出する必要があります。

## 3 相続登記の義務化

　令和6年4月1日から相続登記が義務化されました。相続（遺言も含みます）によって不動産を取得した相続人は、その所有権の取得を知った日から3年以内に相続登記の申請をしなければなりません。具体的には、遺産分割の話合いがまとまった場合には、その遺産分割協議の成立日から3年以内に相続登記をする義務があります。しかし、遺産分割はすぐにまとまらないこともあります。そのような場合は、新たに設けられた相続申告登記という制度を利用することにより相続登記の義務を履行したとみなされます。あくまで相続登記そのものではないので、その後に遺産分割が確定したタイミングで改めて登記を行う必要があります。

　この義務化対象は、令和6年4月1日以前に相続が開始されている場合も、3年の猶予期間はありますが、義務化の対象となります。相続開始日によって義務化対象が変わるわけではないので注意しましょう。

　税理士として相続関係の業務を行う際には、相続登記がされていないままの不動産を見ることもあったり、今回の相続時に相続登記の相談を受けることもありますので、その際にきちんと相続人に案内できるようにしておきましょう。

第2章　相続人の確定　81

## 金融機関の名義変更に必要な資料

**ポイント**

ご用意いただく書類についてご案内します。
ご用意いただく書類は、「遺言書」や「遺産分割協議書」の有無等により異なります。
下図を参考に、該当するA～Dをお選びいただき必要書類をご確認ください。
A～Dに当てはまらない場合は、お問い合わせください。

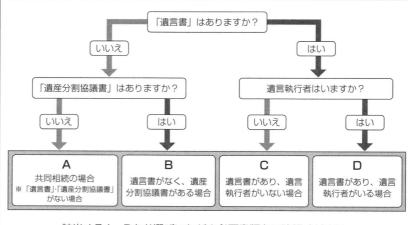

該当するA～Dをお選びいただき必要書類をご確認ください。

## B 遺言書がなく、遺産分割協議書がある場合の必要書類　　　　∧

●相続届（当行所定の書類）
　当行お預かり資産等を承継される方の署名・捺印（実印）が必要です。

●遺産分割協議書（＊1）（＊2）
　当行お預かり資産等について承継人が明確となっているものが必要です。

●戸籍謄本等（＊2）（＊3）

●印鑑証明書（発行日より6ヵ月以内のもの）（＊4）
　法定相続人の方全員分
　当行お預かり資産等を承継される方

●通帳（証書）・キャッシュカード・貸金庫の鍵など（＊5）


（＊1）当行お預かり資産について承継人が明確でない場合、A（共同相続の場
　　　合）の手続きとなります。
（＊2）原本をご提出ください。返却を希望される場合はお申し出ください。
（＊3）「法定相続情報一覧図の写し」（法務局の発行する認証文付きの書類原本）を
　　　ご提出いただく場合、戸籍謄本の当行あてのご提出は原則不要です。
　　　取得方法は、法務省のホームページをご参照ください。
（＊4）原本をご提出ください。被相続人名義でのお借り入れがある場合、発行
　　　日より3ヵ月以内のものが必要です。
（＊5）紛失されている場合は、お申し出ください。


※　取引の内容や相続のご事情によっては、ご案内以外の書類を追加でご提出
　　いただく場合があります。


（三菱 UFJ 銀行ホームページ）

## 相続届

### 記入見本
※必ず両面ご記入ください。

**相続届**
（全口座解約用）

| ご記入日 | （和暦） | 6 年 | 1 月 | 25 日 |

〜行（以下「銀行」）との取引における相続手続は、本届の通りお取り扱いください。
〜外の者が、本届記載の取引につき、本手続〜〜
〜れ、銀行にはいっさい迷惑・損害をかけませ〜

貸金庫契約がある場合、貸金庫解約を実施される方が相続人代表者欄にご署名ください。

本書式は以下ご確認事項欄の項目全てにご同意いただける
※ご同意いただけない場合は同封書類の「相続手続の流れ」を参照いただき、〜所定の〜で手続を実施してください。
【ご確認事項】 ※以下の内容を必ずご確認ください。

(1) 本書式に記入した口座に加え、銀行が被相続人のものと判断できる口座を確認できた場合、
当該口座も同様に解約して振り込んでください。
外貨預金、公共債または投資信託の解約時は元本割れする場合があることを理解しています。

(2) 解約資金は取引店ごとに指定した口座へ振り込んでください。他行宛て振込手数料は、
取引店ごとに振込金より差し引いてください。

(3) 貸金庫、セーフティーバッグの内容物を受領する一切の権利は相続人代表者、
または相続人代表者が指定する者に委任します。

(4) 相続手続中に発生した預金利息・債券の利金、投資信託の分配金は、合算して裏面に記載の
方法で振り込んでください。

(5) 相続手続中の投資信託・債券につき追徴課税が発生した場合は、被相続人の預金口座から
銀行の定める方法で支払ってください。

(6) 外貨は円払い（円転）して指定の口座に振り込んでください。

(7) 外貨定期預金を満期日前に解約し清算金が発生した場合や、外貨貯蓄預金を据置期間内に
解約し据置期間内手数料が発生した場合は払戻金から円貨で差し引いてください。

(8) 被相続人への郵送物は、私どもから別途指定しない限り相続手続完了後に、相続人代表者に
送付してください。

(9) クレジット利用残高・カードローン貸越元利金・当座貸越元利金・総合口座貸越元利金は、
別途差引計算（相殺）を行ったうえ、取引を解約してください。

(10) 被相続人の通帳・キャッシュカード等は、今後〜

戸籍上のお名前と銀行への届出のお名前が異なる場合は両方に記入してください。
同じ場合は「銀行お届出のおなまえ」欄だけにご記入ください。

---

**1** 被相続人（お亡くなりになった方）についてご記入ください。

| 銀行お届出のおなまえ | 東京花子 | おところ（被相続人が最後にお住まいになられていたご住所） |
|---|---|---|
| 戸籍上のおなまえ | 東京ハナ子 | 東京都千代田区丸の内 X-X-X |
| 生年月日 | （和暦）大・昭・平・令 25 年 5 月 15 日 | お亡くなりになった日 （和暦）昭・平・令 4 年 12 月 18 日 |

---

銀行使用欄

銀行使用欄
ご記入不要

84

**裏面：受取方法等、記入欄がございます。**

**2** ご署名ご捺印をお願いします（必ず自署してください）。※代表者の方は【外為法に基づく確認】欄もチェックください。

相続人代表者（相続人を代表して、銀行との書類の授受やお問い合わせ窓口等のお手続をいただける方）

| おなまえ（フリガナ）　トウキョウ　タロウ | 日中のご連絡先 | ご実印 |
|---|---|---|
| 東京太郎 | （ 080 ）XXXX － XXXX | 太東京郎 |

おところ〒 100 － 0001

東京都千代田区大手町X—X—X

【外為法に基づく確認】
(1)(2)とも必ず
チェックください

(1)相続

(2)

相続人代表者の方は、（1）（2）とも必ずチェックしてください。
また、相続人関係者の中に外国籍の方がいらっしゃる場合は、
別紙、「申告書（外国籍のお客さま用）」もご記入ください。

☑いません □います

□いません ☑います

※本書式へ記載されていない方も

放棄された方については申告不要です。

上記以外の相続人（ご署名・ご捺印をお願いします（必ず自署してください）。）

| | おなまえ（フリガナ）トウキョウハジメ セイネンコウケンニン オオサカアイコ | おところ〒 530 － 0002 | ご実印 |
|---|---|---|---|
| 被成年後見人 | 相続人　東京肇<br>成年後見人 大阪愛子 | 大阪府大阪市北区梅田▲—▲—▲<br>日中のご連絡先<br>（ 06 ）▲▲▲▲ － ▲▲▲▲ | 大阪 |
| 未成年 | おなまえ（フリガナ）トウキョウジロウ シンケンシャ トウキョウタロウ<br>相続人 東京二郎<br>親権者　東京太郎 | おところ〒 100 － 0011<br>東京都千代田区大手町X—X—X<br>日中のご連絡先<br>（ 080 ）XXXX － XXXX | ご実印<br>太東京郎 |
| 海外在住 | おなまえ（フリガナ）　ヤマダ　トシコ<br>山田淑子 | おところ〒 ●●● South Central Avenue<br>Suite102,Hartsdale, NY 10530<br>日中のご連絡先<br>（ 914 ）●●●● － ●●●● | ご実印<br>山田淑子 |
| | おなまえ（フリガナ）（BLOCK LETTERS）<br>Liza Sugikura | おところ〒 △△△ Lexington Avenue,<br>New York, NY 10017<br>日中のご連絡先<br>（ 212 ）△△△△ － △△△△ | ご実印<br>（SIGNATURE）<br>Sugikura |
| | おなまえ（フリガナ） | おところ〒　－ | ご実印 |

○遺産分割協議書がある場合：**相続人全員が自署**、捺印してください。ただし、遺産分割協議書上で弊行の預金を
　　　　　　　　　　　　　相続される方が特定されている場合は、その方の自署、捺印のみでお取り扱いします。

○遺言書があり、遺言執行者が選任されている場合：**遺言執行者と受遺者全員が自署**、捺印してください。
　　　　　　　　　　　　　　　　　　　　　**遺言執行者はお名前の頭部に「遺言執行者」とご記入ください。**

○遺言書があり、遺言執行者が選任されていない場合：受遺者全員が自署、捺印してください。

| おなまえ（フリガナ） | おところ〒　－ | ご実印 |
|---|---|---|
| | 日中のご連絡先<br>（　　　）　　　－ | |

銀行使用欄

銀行使用欄
ご記入不要

第2章　相続人の確定　85

**3** 被相続人（お亡くなりになった方）のものと認識されている口座について、わかる範囲でご記入ください。

**【ご解約に関するご確認】**
以下の口座に加えて銀行が被相続人のものと判断できる口座については、同様に解約して振り込みます。

＜円預金＞

| 店番 | 店名 | 取引種類 | 口座番号 |
|---|---|---|---|
| 123 | 東京支店 | ☑普通預金 □定期預金<br>□貯蓄預金 □（　　　　） | 1234567 |
| 456 | 大阪支店 | □普通預金 ☑定期預金<br>□貯蓄預金 □（　　　　） | 2345678 |

被相続人（お亡くなりになった方）のものと認識されている口座の情報をわかる範囲でご記入ください。
ご記入いただいた口座の他にも、銀行が被相続人のものと判断できる口座を確認できた場合、当該口座も**同様に解約させていただきます。**

| | | □普通預金 □定期預金<br>□貯蓄預金 □（　　　　） | |
| | | □普通預金 □定期預金<br>□貯蓄預金 □（　　　　） | |
| | | □普通預金 □定期預金<br>□貯蓄預金 □（　　　　） | |

＜投資信託・債券・外貨預金等＞

| 店番 | 店名 | 取引種類 | 口座番号 |
|---|---|---|---|
| 123 | 東京支店 | ☑投資信託 □債券　　□外貨普通<br>□外貨貯蓄 □外貨定期 □（　　） | 2345678 |

被相続人（お亡くなりになった方）のものと認識されている口座の情報をわかる範囲でご記入ください。
ご記入いただいた口座の他にも、銀行が被相続人のものと判断できる口座を確認できた場合、当該口座も**同様に解約させていただきます。**

| | | □外貨貯蓄 □外貨定期 □（　　） | |
| | | □投資信託 □債券　　□外貨普通<br>□外貨貯蓄 □外貨定期 □（　　） | |

＜貸金庫・保護預り＞

| 取引種類 | 店番 | 店名 | 番号等 | 手続内容 |
|---|---|---|---|---|
| ☑ 貸金庫 | 123 | 東京支店 | 第1111号 | 左記取引の解約、格納品の引き渡しを依頼します。 |
| □ セーフティーバッグ | | | | |
| □ 保護預り | | | | 左記取引の解約、保護預り品の返還を請求します。 |

＜貸越金等＞

| 取引種類 | 店番 | 店名 | 手続内容 |
|---|---|---|---|
| □ 総合口座貸越金 | | | |
| ☑ カードローン・当座貸越金 | 123 | 東京支店 | 別途差引計算(相殺)を行ったうえ、取引を解約してください。 |
| □ クレジット利用残高 | | | |

---

銀行使用欄

銀行使用欄
ご記入不要

**4** 受取方法（当行本支店をご指定いただく場合、振込手数料は無料です）

被相続人名義の口座を解約のうえ、下記口座へ振り込んでください。
他行宛て振込手数料は各承継者宛て振込金より差し引いてください。
【振込手数料に関するご確認】
他行宛て振込手数料は店頭窓口手数料を適用し、取引店ごとに受入れさせていただきます。
解約元利金が他行宛て振込手数料以下となる支店がある場合、任意の他店口座より引き落としさせていただきます。
他店口座からの引き落としもできない場合、該当口座のみ解約を取りやめます。

### まとめてご入金

| ☑ まとめてご入金 | 口座名義(カナ) トウキョウ タロウ | | | |
|---|---|---|---|---|
| 銀行名 ☑三菱UFJ銀行 □（　　） | 支店名 フリガナ トウキョウシテン 東京支店 | 科目(該当に○印) ⦅普通⦆・貯蓄 当座 | 口座番号(右つめ) 7 8 9 0 1 2 3 | |

> 端数を受け取る方に○を
> つけてください。

### それぞれの口座に分けてご入金

☑ それぞれの口座にご入金
※指定された割合で分割できない場合、端数を〜　必ずカナでご記入ください。〜ない〜〜します

| 口座名義(カナ) トウキョウ タロウ | | | 割合 1/2 | 端数 ○ |
|---|---|---|---|---|
| 銀行名 ☑三菱UFJ銀行 □（　　） | 支店名 フリガナ トウキョウシテン 東京支店 | 科目(該当に○印) ⦅普通⦆・貯蓄 当座 | 口座番号(右つめ) 7 8 9 0 1 2 3 | |
| 口座名義(カナ) トウキョウ ハジメ | | | 割合 1/4 | 端数 |
| 銀行名 □三菱UFJ銀行 ☑（ ABC銀行 ） | 支店名 フリガナ ナゴヤシテン 名古屋支店 | 科目(該当に○印) 普通・⦅貯蓄⦆ 当座 | 口座番号(右つめ) 5 6 7 8 9 1 0 | |
| 口座名義(カナ) トウキョウ ジロウ | | | 割合 1/4 | 端数 |
| 銀行名 □三菱UFJ銀行 ☑（ 123銀行 ） | 支店名 フリガナ オオサカシテン 大阪支店 | 科目(該当に○印) ⦅普通⦆・貯蓄 当座 | 口座番号(右つめ) 8 9 1 0 1 2 3 | |
| 口座名義(カナ) | | | 割合 | 端数 |
| 銀行名 □三菱UFJ銀行 □（　　） | 支店名 フリガナ | 科目(該当に○印) 普通・貯蓄 当座 | 口座番号(右つめ) | |
| 口座名義(カナ) | | | 割合 | 端数 |
| 銀行名 □三菱UFJ銀行 □（　　） | 支店名 フリガナ | 科目(該当に○印) 普通・貯蓄 当座 | 口座番号(右つめ) | |

> 他行宛て振込をご希望の方は、
> 銀行名を必ずご記入ください。

> 6名以上のお振込先を指定される場合、
> 相続届をもう1枚ご記入いただきます。

銀行使用欄

---

### 銀行使用欄
### ご記入不要

↑ 原本保管店の案件に○を記入

相続届A 2024.01（保存10年）

（三菱UFJ銀行資料）

第 **3** 章

# 財産の確定

# 1 財産の全体像を把握する

## 1 残された財産とは？

　遺産分割協議や、相続税額の算定を行うためには、まず残された財産である遺産を把握することが必要です。この時に、どのようなアプローチを行うでしょうか？　ほとんどの人が、「家の中を探す」「残高証明書を取得する」などと答えると思います。しかしながら、根本的な解決はこれでは図れません。「財産が残る」ということは、「収入や価値の増加」と「支出や価値の減少」の結果と本来なっていなければなりません。そのため、これらの内容を把握することが必要になります。

　財産の増加理由からまず考えていくと、労働による収入、年金などの社会保障からの収入、所有財産の値上がりによる収益、所有財産からの果実、他人からの相続や贈与などが考えられます。一方、財産の減少理由は、自分や家族の生活費等の費消、社会保険や税金等の支払い、資産の値下がりによる損失、他人への贈与などが考えられます。これらをその人の歴史とともに、資料から確認できれば、本来あるべき財産の姿が見えてきます。これが本質的には財産を漏れなく把握する方法になります。

　しかしながら、長い人生でどれだけ資料や記録を残しているでしょうか？特に、子が相続人であれば、被相続人より後に生まれてきているため、それより前の情報はわからないでしょう。よって、ここでそれらを補完するために、被相続人の過去の勤務状況や住所の変遷、生活状況、趣味や性格、相続による財産の取得の有無など、様々なヒントを得て被相続人の人生を追っていきイメージをつかむことが必要です。

　もちろんわからない部分はありますが、相続という大きなイベントの中で故人の軌跡を追っていくということを相続人も思い出話とともにしてくれること

もよくあります。そのような話の中で、相続人も気づかなかったことが、それを機に思い出すこともあります。最初は雑談でもよいでしょうが、このように現在の残高から追っていくのではなく、その人の生前の状況から現在まで追っていくというアプローチが財産の確認を漏らさないためには必要になります。

## 2 財産の増加原因と確認方法

　財産の増加要因を確認するためには、例えば以下のような項目について、それぞれ確認していきます。

> 給与収入・・・・・給与明細、源泉徴収票
> 年金収入・・・・・年金通知書、源泉徴収票
> 不動産収入・・・・収支計画、所得税確定申告書
> 不動産譲渡益・・・登記簿謄本、地価公示等の相場のデータ
> 株式譲渡益・・・・証券会社資料等
> 贈与や相続・・・・過去の贈与税申告書、相続税申告書

　財産の増加についてはある程度入口は決まっている人が多いため、過去の情報を整理すれば、それなりの答えは出る可能性があります。例えば、収入はいくらですか？　と聞かれれば、自身の年収は大まかであれば答えられる人は多いと思います。

　しかし、一方で、支出はいくらくらいですか？　と聞かれると思ったより答えに困る人が多い印象です。月単位の通常の生活費であればまだイメージはあるかもしれませんが、臨時的なものが入ってくる年単位の話になると、もっと答えに困ることになります。例えば支出であれば、一般的には以下のようなものが考えられます。

> 生活費・・・・・・家賃（ローン）や毎月かかるものの概算
> 医療費・・・・・・臨時的に発生する入院費や介護状況になった後の費用
> 教育費・・・・・・子供の成長とともに各段階でかかる学費や受験時の費

第3章　財産の確定　　91

> 用、留学費用など
>
> 慶弔費・・・・・・結婚や葬儀時の大きな支出
>
> 臨時の生活費・・・旅行や大型の家財等への支出
>
> 投資による損失・・株式や不動産の譲渡損失
>
> 贈与・・・・・・・子供などへの支援

　そのため、これらの答えを出すためには、ライフイベントを時系列に並べて財産の増減のイメージを付けることが必要です。また、それと並行して、時点ごとの当時の財産がわかる資料を加えることができれば、財産の確認漏れをより防ぐことができます。

## 3　被相続人の歴史を時系列に並べる

　歴史を整理する上で、押さえるべき主なポイントは以下のものが挙げられます。

> ①　住所の変遷
>
> ②　学歴、職歴
>
> ③　大きな病歴
>
> ④　結婚、離婚、出産、親や配偶者の死亡などの家族の増減
>
> ⑤　自宅の購入などの大きな支出
>
> ⑥　子供の進学、留学、結婚、自宅の購入などの支援

　この中で、金額に関係しそうなものがあれば、その大まかな金額のイメージもつかむとよいでしょう。

## 4　過去10年の動きは特に注意

　相続開始前10年以内の動きは特に注意が必要です。これは預金のところでも触れますが、金融機関の履歴の照会が10年分できるためです。そのため、これらの履歴から色々なことがわかってくるので、そのお金の動きと実際のライフイベント等が一致しているかを確認する必要があります。あまりに過去の

状況となると、相続人も支出の使途を知らないことも多いため、ある程度の金額の入出金の原因などの確認程度に現実的にはなってしまうこともあります。しかし、この10年は資料が揃うため、もう少し踏み込んで確認をします。

　死亡した年齢にもよりますが70代から80代くらいで亡くなる場合には、晩年はある程度決まった入出金が多くなり、生活スタイルも相続人が理解できていることも多いです。それらも踏まえてこの10年は非常に重要になります。相続人がある程度被相続人の状況を理解できており、相続というイベントも見据えた相続対策が発生しやすくなるのがこの頃になります。被相続人の病歴や財産管理のタイミングも考慮した上でこの動きを見ていくと、ヒアリングの内容と資料に矛盾が生じることもよくあります。相続人に、これらの矛盾点を順番に確認していかなければなりません。ここ数年の日常での費消額、贈与や大きな支出の有無、財産構成の変化、病歴、財産管理者の変更などを具体的に詰めることになります。

## 5　金庫の確認

　自宅に金庫がある場合、または貸金庫を借りている場合は、金庫の中身の確認は必須です。もちろん必ずしも立ち会わなければならないわけではありませんが、相続人から具体的にどのようなものが入っていたかをきちんと確認します。金庫には通常、重要なものが保管されており、財産に関連するものが多く入っています。

　多くの人が不動産の権利証等を入れており、その他には何かあったときの為の現金、通帳、地金、保険証券、有価証券などが保管されている傾向があります。これらの重要書類の他、手帳など財産に関係しないものがあることもあります。手帳などは特に不要に思えますが、几帳面な性格の人であれば、色々と書き込んでいることがあり、大きなイベントや資金使途に関するメモが残されていることがありますので、相続人に確認する際に、参考として見せてもらうと不明点の解消に役立ちます。

第3章　財産の確定　　93

## 6 成年後見制度

　近年増加傾向にあるのがこの成年後見です。被相続人が成年被後見人であった場合は、財産に関する残高や動きが家庭裁判所に提出した資料によりわかります。

　具体的には、申立てのタイミングで、財産目録およびそれに関する資料、本人の収支状況等の報告書を家庭裁判所に提出します。その後、1年に1回を目安に定期的に財産目録や収支状況の報告を行います。法人でいえば毎年決算書を作成して提出するイメージになります。そのため、帳簿が備わっているのと同じような状況になりますので、財産の漏れは基本的に生じないことになります。

　成年被後見人であった場合は、本人の判断能力が不十分であるためという理由から、成年被後見人の財産管理と保全が成年後見制度の大きな目的の1つです。成年被後見人本人の利益を考えながら、成年後見人が本人を代理して契約行為等を行うことになります。そのため、相続税の節税対策のための生前贈与などは成年被後見人にとっては、財産を減少させるという不利益な行為につながるため、原則できません。定期的に財産目録等を成年後見人が作成し、成年後見監督人や家庭裁判所などからおかしなお金の動きについてはチェックが入りますので、通常、贈与などの動きもなく、財産目録と相続財産のリストが近くなることが一般的です。

## 初回報告提出資料　年間収支予定表

### 【記載例】

平成28年（家）第8＊＊＊＊号

## 年間収支予定表
（ 年 額 で 書 い て く だ さ い 。 ）

**1 本人の収入** （ 年金額通知書，確定申告書等を見ながら書いてください 。 ）

| 種　別 | 名称・支給者等 | 金　額（円） | 入金先通帳・頻度等 |
|---|---|---|---|
| 年　金 | 厚生年金<br>国民年金（老齢基礎年金） | 600,000 | ○○銀行××支店，2か月に1回 |
| 配当金（目録2の株式） | △△電力（株） | 450,000 | ○○銀行××支店，6月と12月 |
| 親族の立替・援助 | 長男 | 180,000 | 通所施設費相当分を立替　15,000／月 |
| 合　計 | | 1,230,000 | |

**2 本人の支出** （ 納税通知書，領収書等を見ながら書いてください。 ）

| 費　目 | 支　払　先　等 | 金　額（円） | 月額・使用通帳等 |
|---|---|---|---|
| 生活費　食費など | | 360,000 | 30,000／月　同居中の妻分含む |
| 別居中の親族の生活費 | 二男（大阪在住） | 240,000 | 20,000／月 |
| 施　設　費 | | 180,000 | 15,000／月　長男が立替払い |
| 住　居　費　住宅ローン | ○○銀行××支店 | 440,000 | 平成30.3に終了予定 |
| 税　金 | 固定資産税 | 120,000 | 年4回支払い，○○銀行××支店<br>年額240,000円のうち持分2分の1相当分 |
| 保　険　料 | 国民健康保険，介護保険 | 330,000 | ○○銀行××支店 |
| そ の 他　胃の手術費用 | ○○病院 | 500,000 | 平成29.7頃入院，手術予定（臨時支出） |
| 合　計 | | 2,170,000 | |

**※収支が赤字となる場合は，対処方針等を記載してください。**

定期預金の解約や○○市の不動産売却で対応予定

**※本人以外の第三者のための支出を予定している場合は，理由等を記載してください。**

同居中の妻は無収入であるため，本人が妻の生活費を負担している。

二男は，大学生であり大阪で単身生活しているため，本人が月2万円を援助している。

29.2

（東京家庭裁判所ホームページ）

第3章　財産の確定　95

## 定期報告提出資料　財産目録

【記載例】

開始事件 事件番号　平成２８年（家）第８＊＊＊＊号　【本人氏名：　後見太郎　】

### 財産目録　（平成３０年１月３１日現在）

平成　３０年　２月　５日　　作成者氏名　後見次郎　　㊞

本人の財産の内容は以下のとおりです。

#### 1　預貯金・現金

| 金融機関の名称 | 支店名 | 口座種別 | 口座番号 | 残高（円） | 管理者 |
|---|---|---|---|---|---|
| ○○銀行 | ××支店 | 普通 | 2345678 | 3,034,900 | 後見人 |
| ●●銀行 | ■■支店 | 定期 | 8765432 | 300,000 | 後見人 |
|  |  |  |  |  |  |
|  |  |  |  |  |  |
|  |  |  |  |  |  |
| ●●信託銀行 |  | 後見信託 | 1122333 | 10,000,000 | 後見人 |
| 現　金 |  |  |  | 52,147 | 後見人 |
| 合　計 |  |  |  | 13,387,047 |  |
| 前回との差額 |  |  |  | 1,379,022 | （増㊎） |

（2から7までの各項目についての記載方法）
・初回報告の場合→すべて右の□をチェックし、別紙も作成してください。
・定期報告の場合→財産の内容に変化がない場合→左の□にチェックしてください。該当財産がない場合には、（　）内の□
にもチェックしてください。
　　　　財産の内容に変化がある場合→右の□にチェックした上、前回までに報告したものも含め、該当する
　　　　項目の現在の財産内容すべてを別紙にお書きください。

#### 2　有価証券（株式，投資信託，国債など）
　■　前回報告から変わりありません（□該当財産なし）　　　　□　前回報告から変わりました（別紙のとおり）

#### 3　不動産（土地）
　□　前回報告から変わりありません（□該当財産なし）　　　　■　前回報告から変わりました（別紙のとおり）

#### 4　不動産（建物）
　■　前回報告から変わりありません（□該当財産なし）　　　　□　前回報告から変わりました（別紙のとおり）

#### 5　保険契約（本人が契約者又は受取人になっているもの）
　□　前回報告から変わりありません（□該当財産なし）　　　　■　前回報告から変わりました（別紙のとおり）

#### 6　その他の資産（貸金債権，出資金など）
　■　前回報告から変わりありません（■該当財産なし）　　　　□　前回報告から変わりました（別紙のとおり）

#### 7　負債（立替金など）
　□　前回報告から変わりありません（□該当財産なし）　　　　■　前回報告から変わりました（別紙のとおり）

-1-

29.2版

（東京家庭裁判所ホームページ　以下省略）

## 定期報告提出資料　後見等事務報告書

### 【記載例】

開始事件 事件番号　平成２８年（家）第８＊＊＊＊号　【本人氏名：　後見太郎　　　】

## 後見等事務報告書

（報告期間：平成２９年２月　１日～平成３０年１月３１日）

平成　３０　年　　２　月　　５　日

住　所　東京都千代田区〇〇１丁目２番３号

■成年後見人
□保佐人
□補助人　　　　　後見次郎　　　　　印

日中連絡のつく電話番号０９０－３＊＊＊－５＊＊＊

---

| 1 　本人の生活状況について | （全員回答してください。） |
|---|---|

(1)　前回の定期報告以降，本人の住居所に変化はありましたか。

　　□　以下のとおり変わらない　　■　以下のとおり変わった
　　　　（「以下のとおり変わった」と答えた場合）住所又は居所が変わったことが確認できる資料
　　（住民票，入院や施設入所に関する資料など）を，この報告書と共に提出してください。
　　【住民票上の住所】
　　　東京都△△区△△２丁目３番４号　有料老人ホーム〇〇苑
　　【実際に住んでいる場所】（入院先，入所施設などを含みます）
　　　同上

(2)　前回の定期報告以降，本人の健康状態や生活状況に変化はありましたか。

　　□　変わらない　　■　以下のとおり変わった
　　　平成２９年９月から上記の有料老人ホームに入所している（住民票提出済み）。
　　　平成２９年７月に胃の手術をしたが，経過は良好である。

---

| 2 　本人の財産状況について |
|---|

　　（財産管理に関する代理権が付与されていない保佐人・補助人は回答不要です。）

(1)　前回の定期報告以降，定期的な収入（年金，賃貸している不動産の賃料など）に変化はありま
　したか。

　　□　変わらない　　■　変わった
　　　（「変わった」と答えた場合）いつから，どのような定期的な収入が，どのような理由により，
　　１か月当たりいくらからいくらに変わりましたか。以下にお書きください。また，額が変わった
　　ことが確認できる資料をこの報告書と共に提出してください。

| 変わった時期 | 変わった収入の種類 | 変わる前の額（1か月分/円） | 変わった後の額（1か月分/円） | 変わった理由 | 額が変わったことの分かる資料 |
|---|---|---|---|---|---|
| 29年　10月 | 厚生年金 | 5万円 | 6万円 | 年金改定 | 年金額改定通知書 |
| 　年　　月 | | | | | |
| 　年　　月 | | | | | |

※年金など２か月に１回支払われるものについても，１か月あたりの金額を記載してください。

－１－　　　　　　　　　　　　　　　　　　　　29.2版

---

（東京家庭裁判所ホームページ　以下省略）

# 2 預貯金等の資料

　一昔前と比べて、給与収入から各種支払いまで預貯金口座を通した取引が一般的になり、預貯金等の動きの確認は相続財産の漏れを防ぐために最も重要な手続きの1つです。そのため、できる限り過去の預貯金の通帳を入手する必要があります。一般的に預貯金関係で入手すべき資料は以下のものになります。

① 残高証明書
② 預貯金通帳
③ 取引明細書
④ 定期預金証書
⑤ 金融機関からの郵便物等（定期預金満期のお知らせ、取引報告書など）

## 1 残高証明書の必要性

　お客様からよく「預金通帳があるのですが、残高証明書は入手しなければいけませんか？」と聞かれることがありますが、残高証明書はできれば入手した方がよいです。その理由としては、財産の漏れが防げるからという点にあります。

　生前同居されているなどで、資産はほぼ理解していると思っていても、やはり相続人自身の財産ではないため、100％ではありません。残高証明書を取得する際には、この漏れがあるかどうかを金融機関側で名寄せして調べた上での発行になりますので、相続人が知らなかった口座が見つかる場合があります。特に定期預金証書の場合は、通帳には記載されないため、漏れてしまうことがあり得ます。このようなことがないようにするために残高証明書は取得する方が無難です。

　また、残高証明書は口座の所在する支店ごとに発行されるため、複数の支店

で口座を持っている場合は、1つの残高証明書には記載されません。この場合は、各支店ごとに発行依頼手続きをする必要があります。なお、複数の支店に口座があるかどうかについては、通常同一の金融機関の場合、名寄せはしてもらえますので、口座の有無そのものについて、まず確認をし、その後に口座がある支店ごとの残高証明書発行という流れになります。今までの生活パターンや勤め先の給与振込口座、近所の金融機関など、可能性がある金融機関については、できるだけ確認をとった方がよいため、通帳が見つかっているものだけでなく、可能性がある金融機関には積極的に確認をとるようにしましょう。

## 2 預貯金通帳と取引明細書

　繰返しになりますが、預貯金通帳の動きは、被相続人の生前の活動の状況や財産形成に関する情報、財産の内容等を把握する上で非常に重要な情報となります。そのため、預貯金通帳については、できる限りあるものすべてを確認します。情報はあるに越したことはありませんので、保管してあるものはすべて入手するようにしましょう。

　しかし、個人の方は特に法律上の制限があるわけでもないので、通帳や関係書類を保存しておく義務はなく、古い通帳が全くないということもよくあります。その場合に、通帳と同様の情報が取引明細書を取得することによりカバーできます。この取引明細書は、通常過去10年分まで取得することができるため、相続人等から特段何か指示がない限り10年分取得します。なぜならば、仮に税務調査が行われることとなった場合には、申告書に記載した被相続人の預貯金口座の取引明細書は税務当局が10年分取得する可能性が高いからです。税務当局から質問を受けた際に、こちらが知りませんということは避けたいので、できるだけ取得するようにしましょう。

## 3 資料の入手方法

　預貯金通帳や定期預金証書については、被相続人が所有しているものであるため、自宅等を相続人に探してもらうことにより入手することになりますが、

第3章　財産の確定　99

残高証明書および取引明細書については、各金融機関にて入手することになります。

　取得の際は、基本的に取引口座がある金融機関に連絡をし、金融機関所定の手続きにより行います。残高証明書および取引明細書の取得については、各金融機関ごとに手数料がかかります。特に取引明細書については、金融機関ごとに手数料体系がまちまちで、1月あたりいくらという料金体系のところもあれば、過去になればなるほど手数料が上がる場合などがありますので、各金融機関に確認が必要です。

## 4　資料の入手の際の実務上のポイント

　残高証明書等の取得を依頼する際には、口座の名義人本人ではないため、相続人が手続きをすることになります。金融機関の口座は原則、相続が発生したことがわかると凍結処理がされます。金融機関自らが相続発生の情報をつかむのは現実的に難しいため、こちらから相続発生の旨を伝えない限り、口座の凍結は行われません。よって、多くの場合、残高証明書の取得の際に口座の凍結が行われます。口座の凍結が行われると入出金すべてできなくなりますので、公共料金等の口座の引落の変更手続き、家賃収入などの収入に関する口座変更の連絡等が必要になります。また、通帳の記帳もできなくなり、特に重要な相続発生前後の記録が記帳できなくなることから、凍結前に記帳を行った方がよいでしょう。

　また、残高証明書の取得の際に、相続関連の場合は、金融機関側で相続の評価に必要な既経過利息、外貨建て資産の場合における換算レートなどの情報を付けてもらえることが多くありますが、念のため、依頼する際にこれらの情報も付けてもらえるようにお願いをしておくとよりよいでしょう。

## 5　預貯金の分析と通帳から読み取れること

　預貯金の通帳や明細を入手したら、預貯金の分析をまず行います。ここでいう分析は、最初に確認をしたライフイベントや日常の生活、過去の動きを見比

べて、不一致が起きないかを確認するところにあります。また、複数の預金口座や証券口座がある場合には、その口座間での行き来がないかなどを確認することにより、口座の漏れの確認や行先が不明なお金を改めて確認する必要があります。

　預貯金口座は複数あることが多いので、大きな金額の入出金についてはまず、すべての口座から拾い出し、口座間の移動なのか、現金として手元にあるのか、何に使われたのかなどをリスト化して、時系列に並べていくと、大枠をつかむことができますので、まずはそれを行いましょう。証券口座がある場合は、証券口座とのお金の移動も当然考えられますので、必要に応じて証券口座もあわせて確認することになります。

　預貯金の分析については、机上の計算と実際の財産との差異の原因を詰めることに他なりません。常に生活状況やそこから起こり得るお金の流れを想定することが必要です。なかなか言われただけではわからない部分も多いと思いますので、ここではできるだけ事例を通じて、見るべきポイントを確認するようにします。

第3章　財産の確定　　101

## （1）通帳の例①　確認ポイント

### 預金通帳

| 日付 | 取引内容 | 支出 | 入金 | 残高 | |
|---|---|---|---|---|---|
| 17-02-20 | 電気 | 3,510 | | 25,437,951 | |
| 17-02-20 | ガス | 2,519 | | 25,435,432 | ① |
| 17-02-20 | 電話 | 3,495 | | 25,431,937 | |
| 17-02-23 | ATM | 120,000 | | 25,311,937 | ② |
| 17-02-28 | 配当金 | | 7,968 | 25,319,905 | ③ |
| 17-02-28 | 固定資産税 | 109,800 | | 25,210,105 | ④ |
| 17-03-05 | 振込 | 1,000,000 | | 24,210,105 | ⑤ |
| 17-03-05 | 手数料 | 756 | | 24,209,349 | |
| 17-03-08 | 貸金庫 | 25,200 | | 24,184,149 | ⑥ |
| 17-03-10 | ATM | 100,000 | | 24,084,149 | |
| 17-03-10 | クレジットカード | 53,000 | | 24,031,149 | ⑦ |
| 17-03-15 | 保険料 | 25,200 | | 24,005,949 | ⑧ |
| 17-03-20 | 電気 | 4,387 | | 24,001,562 | |
| 17-03-20 | ガス | 2,814 | | 23,998,748 | |
| 17-03-20 | 電話 | 2,649 | | 23,996,099 | |
| 17-03-20 | 水道 | 4,863 | | 23,991,236 | |
| 17-03-25 | ATM | 150,000 | | 23,841,236 | ② |
| 17-04-02 | ATM | 100,000 | | 23,741,236 | ② |
| 17-04-10 | クレジットカード | 53,000 | | 23,688,236 | |
| 17-04-15 | 保険料 | 25,200 | | 23,663,036 | |
| 17-04-15 | 年金 | | 351,500 | 24,014,536 | ⑨ |
| 17-04-20 | ATM | 200,000 | | 23,814,536 | ② |
| 17-04-27 | 所得税 | 315,000 | | 23,499,536 | ⑩ |
| 17-04-30 | 定期 | 10,000,000 | | 13,499,536 | ⑪ |

### ＜確認できるポイント＞

① 　公共料金の支払いの有無。口座振替にしている場合でどの通帳からも引落がなければ、口座の漏れの確認ができる。

② 　ATMからの現金の引き出し。手元の現金残高の推定が可能。生活費の推定もここから行う。

③　配当金の受取りがあるため、所有している株式がある。

④　固定資産税の支払いがあるため、所有不動産があることがわかる。また、2月に支払いがあるため、一括払いしているわけではなく分納している。

⑤　振込があるため、振込先の確認が必要。被相続人の他口座であれば入金があるかの確認により、口座の漏れを防ぐことができる。また、相続人等への振込であれば、贈与などの確認ができる。

⑥　貸金庫手数料があれば貸金庫の有無がわかる。貸金庫がある場合には、重要書類や現金、地金などが入っていることがあるため、貸金庫を開けた相続人からの聞き取りは必須となる。

⑦　クレジットカードの使用があれば、未払債務の確認や高額な買い物等の確認による財産の漏れを防ぐことができる。

⑧　保険料の支払いがある場合には、生命保険、損害保険、積み立ての有無など、保険の内容の確認が必要。保険会社名が記載されていれば、保険会社に確認する。

⑨　被相続人は年金受給者であることが多いため、原則振込手続きとなる年金の受取口座を確認。年金受取口座が見当たらない場合は、口座の漏れの確認が可能。

⑩　所得税の支払いがあることから、所得税申告をしていることが確認できる。所得税申告からは、過去の状況など様々な情報がわかるため、被相続人の確定申告書等の控え等を確認する。

⑪　定期預金への支出があるため、定期預金の有無が確認できる。

　この通帳は、想定される論点をまとめたものですが、入出金のうち特に出金については、財産の漏れにつながる部分になりますので、出金の動きの代表的なパターンから想定、検討するべき論点について、事例を用いながら解説をしていきます。

## (2) 通帳の例② 現金の引き出しと生活状況の確認

**預金通帳**

| 日付 | 取引内容 | 支出 | 入金 | 残高 |
|---|---|---|---|---|
| 17-01-06 | ATM（200） | 200,000 | | 14,975,083 |
| 17-01-10 | ATM（200） | 200,000 | | 14,775,083 |
| 17-01-19 | ATM（200） | 150,000 | | 14,625,083 |
| 17-01-31 | ATM（200） | 100,000 | | 14,525,083 |
| 17-02-03 | ATM（200） | 150,000 | | 14,375,083 |
| 17-02-11 | ATM（200） | 50,000 | | 14,325,083 |
| 17-02-17 | ATM（200） | 100,000 | | 14,225,083 |
| 17-02-26 | ATM（200） | 200,000 | | 14,025,083 |
| 17-03-08 | ATM（200） | 250,000 | | 13,775,083 |
| 17-03-10 | ATM（200） | 100,000 | | 13,675,083 |
| 17-03-20 | ATM（200） | 150,000 | | 13,525,083 |
| 17-03-29 | ATM（200） | 50,000 | | 13,475,083 |
| 17-04-15 | ATM（450） | 300,000 | | 13,175,083 |
| 17-04-28 | ATM（450） | 300,000 | | 12,875,083 |
| 17-05-10 | ATM（450） | 300,000 | | 12,575,083 |
| 17-05-29 | ATM（450） | 300,000 | | 12,275,083 |
| 17-06-15 | ATM（450） | 500,000 | | 11,775,083 |
| 17-06-28 | ATM（450） | 500,000 | | 11,275,083 |
| 17-07-12 | ATM（450） | 500,000 | | 10,775,083 |
| 17-07-26 | ATM（450） | 500,000 | | 10,275,083 |
| 17-08-05 | ATM（450） | 500,000 | | 9,775,083 |
| 17-08-06 | ATM（450） | 500,000 | | 9,275,083 |
| 17-08-07 | ATM（450） | 500,000 | | 8,775,083 |
| 17-08-08 | ATM（450） | 500,000 | | 8,275,083 |

→ 8/9 相続開始

　この通帳をご覧になった際に、「怪しい！」と思った方が多いのではないでしょうか。相続業務を行っていると、通帳の動きの中で、このように現金を多く引き出していることがよくあります。この背景としては、窓口で本人以外が出金をすることが本人確認の関係でできないこと、亡くなると口座が凍結されてしまい、相続人等が当面必要なお金（葬儀費用や最後の入院費の精算などの

支払い）が用意できなくなってしまうということから、できるだけ現金を持っていたいということが挙げられます。そのため、このような通帳はよく目にするのと同時に、ここからどのようにアプローチをして相続財産の漏れを防ぐかということは必須の知識となります。当然に税務調査でもこのような動きがあれば、必ず確認されるところですので、きちんと把握する必要があります。

　まず、この通帳を見た際にいきなり金額の確認をするのではなく、被相続人や相続人の状況を把握する必要があります。例えば、被相続人が40歳代くらいの方であればどうでしょうか？　働き盛りで付き合いも多く、まだまだ家族にかけるお金も必要な年代です。お金に余裕があれば、旅行に行ったり、外食に行ったり、お金を使うことそのものに苦労することはないと思います。このような背景の方が、1か月あたり50万円くらいのお金を引き出すことは決しておかしくありません。

　また、現金派、カード派、口座引落派など、生活費の支払い方法も様々です。この通帳以外に生活費として使っている口座がなさそうであれば、この引き出しは問題ないといってよいと思います。よって、このような場合であれば、相続人からの生活状況の聞き取りなどを総合的に判断して現金の使途に矛盾点がなければ現金が仮に全く手元にないとしても、決しておかしいとはいえないということになります。

　一方、これが90歳代の方であればいかがでしょうか？　なかなか遊ぶにも体力がいりますし、食事も贅沢なものであっても少量しかいらないという方も多くなります。子供も独立して生活をしていることが多いため、高齢になるとかかる費用の多くは、介護費や入院費といった内容になります。すると、この現金の引き出しはどうでしょうか？　24時間介護をしていたり、個室に入院していたりすればこのくらいの金額がかかることはよくありますが、そうではないとすると、これらの現金は自宅にあるかまたは相続人が預かっているということが想定されます。この場合、相続人と1か月の生活状況などをきちんと確認をして、不明なお金がないように理論立てて詰めていくことが必要です。

　相続の難しい点の1つに、一番情報を持っている被相続人がこの世にいない

第3章　財産の確定　　105

ということが挙げられます。現金のように証拠が残りにくいものについては、何に使っているのかは推測でしかない部分がどうしても出てきます。家族であっても知らないこともありますし、秘密にしていることもあるかもしれません。同居していればまだしも、これが別居しているとなるとさらにその確認は推測部分が多くなります。少しでも出来事を整理していくことが重要です。

　高齢になり介護や身体的な問題でお金の管理を子供に任せることも多く見受けられます。同居している場合は特にその可能性が上がります。そうなると、そのお金は、被相続人のものではありますが、相続人が管理をしているため、先ほどのように「わからない」ということがなくなります。この場合は、管理をしていた相続人に詳細を聞くことができます。とはいえ、第1章でも触れたように相続人は特に記録が残らない現金について、隠せるかもしれないという意識が働きやすいため、単純に「この現金は残ってますか？」という問いではなく、状況や具体的な話から最終的に残っているかを順序立てて確認をする必要がでてきます。この過程の中で、相続人も記憶が整理できたり、このアプローチから矛盾が生じるようであれば「隠し通すことは難しいかもしれない」という気持ちに変わってきますので1度の質問の回答で判断をしないように気をつけることが重要です。

　さて、通帳に戻って、改めてポイントを整理しましょう。まず行うことは、1か月単位での現金の引き出し額の確認です。それとあわせて1か月あたりの生活費やその月の出来事等から、その金額の妥当性を検証していきます。この例で確認をすると、

---

1月…65万円、2月…50万円、3月…55万円、4月…60万円
5月…60万円、6月…100万円、7月…100万円、8月…200万円

---

となっています。1月～5月までは同水準で引き出しが行われていますが、6月以降は金額が増加しています。この理由が先ほどの説明のように介護が24時間体制になった、入院している部屋が個室に変わったなどであればその金額の明細を確認することにより把握することができます。逆にそのような特段の

理由がなければ、この金額のうち一部はどこかに蓄財されているのではと考えることもできるためきちんと確認しなければなりません。なお、8月5日〜8月8日については、亡くなる間際での引き出しになりますので、費消した可能性は低く、現金として残っている場合が多くあります。

通帳を確認する上で、必ず事前に押さえておかなければならない項目として病歴と財産管理者の確認があります。ここまで色々なパターンのお話をしましたが、相続が多く発生する高齢の方の場合は、この病歴と財産管理者がわからないと、お金の動きの背景が理解できません。財産管理が移るタイミングの多くは、病気や怪我、入院など自身で銀行等に行ったりすることが難しくなった際に起こります。そのため、この時期をしっかりと理解することが必要です。

もう1つ、今回の預金通帳を見た際に財産管理がどうなっているかを読み取れるポイントがあります。4月に入る前と後で取引内容欄のATMの文字のあとに記載されている番号が変わっています。これは、預金を引き出した支店の番号を意味することが多く、これが例えば200番が被相続人の自宅の近く、450番が相続人の自宅の近くの支店であれば、このタイミングでキャッシュカードが相続人の手に渡ったのではないかという推測が立ちます。そうなると、これより先の現金の動きはある程度相続人が知っているはずということになりますので、このような点にも注意をしながら相続人に質問をしていくとよいでしょう。

第3章　財産の確定　107

## (3) 通帳の例③　介護施設の入居と生活費

### 預金通帳

| 日付 | 取引内容 | 支出 | 入金 | 残高 |
|---|---|---|---|---|
| 17-01-06 | ATM（200） | 150,000 | | 14,975,083 |
| 17-01-19 | ATM（200） | 150,000 | | 14,825,083 |
| 17-02-03 | ATM（200） | 150,000 | | 14,675,083 |
| 17-02-17 | ATM（200） | 200,000 | | 14,475,083 |
| 17-03-08 | 赤坂介護センター | 6,000,000 | | 8,475,083 |
| 17-03-20 | ATM（200） | 300,000 | | 8,175,083 |
| 17-03-28 | 赤坂介護センター | 250,000 | | 7,925,083 |
| 17-04-12 | ATM（200） | 200,000 | | 7,725,083 |
| 17-04-28 | 赤坂介護センター | 250,000 | | 7,475,083 |
| 17-05-19 | ATM（200） | 200,000 | | 7,275,083 |
| 17-05-28 | 赤坂介護センター | 250,000 | | 7,025,083 |
| 17-05-29 | ATM（200） | 300,000 | | 6,725,083 |
| 17-06-03 | ATM（200） | 200,000 | | 6,525,083 |
| 17-06-19 | ATM（200） | 150,000 | | 6,375,083 |
| 17-06-28 | 赤坂介護センター | 250,000 | | 6,125,083 |
| 17-07-05 | ATM（200） | 100,000 | | 6,025,083 |
| 17-07-20 | ATM（200） | 150,000 | | 5,875,083 |
| 17-07-28 | 赤坂介護センター | 250,000 | | 5,625,083 |
| 17-08-01 | ATM（200） | 200,000 | | 5,425,083 |
| 17-08-13 | ATM（200） | 150,000 | | 5,275,083 |
| 17-08-28 | 赤坂介護センター | 250,000 | | 5,025,083 |
| 17-09-06 | ATM（200） | 500,000 | | 4,525,083 |
| 17-09-07 | ATM（200） | 500,000 | | 4,025,083 |
| 17-09-08 | ATM（200） | 500,000 | | 3,525,083 |
| 17-09-09 | ATM（200） | 500,000 | | 3,025,083 |

→9/9 相続開始

　この事例におけるポイントは、被相続人の生活状況と生活費の検討です。介護施設に入居した場合、多くのケースで１か月に１回介護費用の支払いが生じ、口座引落もよくあります。また、介護施設に入居する際に、その介護施設にもよりますが、毎月の介護費とは別に入居一時金を支払うケースがあります。こ

の通帳の動きを見ていくと、3月8日に600万円の支払いがあり、その後毎月支払いが生じています。3月から介護施設に入居した可能性が高いため、入居に関する資料等の確認が必要です。

　このケースにおけるもう1つのポイントは、被相続人の生活状況の確認です。介護施設に入居するということは、介護状態になったということになりますので、生活状況に変化が生じていることになります。また介護のレベルにもよりますが、要介護状態になると旅行や交際関係などが減り、多くの生活費を必要としなくなることが想定されます。食費など通常の生活費は、介護施設への支払いで賄われますので、これらを総合的に考えると、入居前後で介護施設への支払いを除いた生活費は大きく変わる可能性が高くなります。この通帳を見ていくと、入居前後でも特に現金の引き出し額が変わっていないので、このお金が相続開始時点ではどこに行っているのかは必ず確認しなければなりません。また、介護施設に入居しているということは、自身でATMで引き出しをすることが困難になっている可能性も当然高いわけですので、この現金を引き出した人を確認し、その人に引き出しの内容やその後の資金の管理、使途などを確認することになります。相続開始前の4日間の引き出しは、おそらく全額残っていることが想定されますので、明確に何に使用したということがなければ、現金として相続財産になります。

　なお、介護施設に入居した後に相続が開始された場合には、この現金の動き以外に2点大きな論点があります。1つ目は小規模宅地等の評価減の特例における特定居住用宅地の該当性の論点です。一定の介護状態であったために入居したとされる場合などは生活の本拠が変わったとしても、それまで居住していた自宅に居住していたとみなされる可能性があるため、その介護施設の種類の確認や介護保険被保険者証の写しなどが特例の適用にあたり必要になりますので、あわせて確認することが必要です。

　もう1つの論点は、入居一時金の返金です。入居一時金については、介護施設の規約にもよりますが、短期間で出所した場合などは、一時金の一部が返金されることがよくあります。一時金がないとしても、最後の利用月の精算など

により、返金または追加支払いが生じることがあります。返金があった場合には、未収入金として財産に、追加支払いがあった場合には債務として、それぞれ相続財産・債務に計上することになりますので、この点もあわせて確認するようにしてください。

## (4) 通帳の例④　教育資金と贈与

**預金通帳**

| 日付 | 取引内容 | 支出 | 入金 | 残高 |
|---|---|---|---|---|
| 17-01-06 | ATM（200） | 50,000 | | 8,466,510 |
| 17-01-19 | 孫A　振込 | 1,000,000 | | 7,466,510 |
| 17-01-21 | ATM（200） | 150,000 | | 7,316,510 |
| 17-02-03 | ATM（200） | 100,000 | | 7,216,510 |
| 17-02-07 | 子X　振込 | 500,000 | | 6,716,510 |
| 17-02-15 | ATM（200） | 100,000 | | 6,616,510 |
| 17-02-28 | ATM（200） | 100,000 | | 6,516,510 |
| 17-03-10 | 子X　振込 | 800,000 | | 5,716,510 |
| 17-03-12 | ATM（200） | 100,000 | | 5,616,510 |
| 17-03-21 | ATM（200） | 100,000 | | 5,516,510 |
| 17-04-01 | ATM（200） | 100,000 | | 5,416,510 |
| 17-04-03 | 孫B　振込 | 1,000,000 | | 4,416,510 |
| 17-04-10 | ATM（200） | 120,000 | | 4,296,510 |
| 17-04-26 | 赤坂大学 | 540,000 | | 3,756,510 |
| 17-04-30 | ATM（200） | 100,000 | | 3,656,510 |
| 17-05-08 | ATM（200） | 100,000 | | 3,556,510 |
| 17-05-20 | ATM（200） | 120,000 | | 3,436,510 |
| 17-06-02 | ATM（200） | 100,000 | | 3,336,510 |
| 17-06-13 | ATM（200） | 100,000 | | 3,236,510 |
| 17-06-27 | ATM（200） | 70,000 | | 3,166,510 |
| 17-07-10 | ATM（200） | 120,000 | | 3,046,510 |
| 17-07-20 | ATM（200） | 100,000 | | 2,946,510 |
| 17-08-01 | ATM（200） | 90,000 | | 2,856,510 |
| 17-08-13 | ATM（200） | 120,000 | | 2,736,510 |
| 17-08-24 | ATM（200） | 150,000 | | 2,586,510 |

前提：相続開始は 8 月 30 日。相続人は子 X のみ。子 X の子として孫 A と孫 B あり。
　　　孫 A は現在大学 3 年生、孫 B は 4 月に大学に入学。
　　　子 X には孫 B の受験料などのための支援として 2/7 に 50 万円、大学の入学
　　　金と授業料の支払いで 3/10 に 80 万円支払っている。また、孫 A の 3 年目
　　　の授業料として赤坂大学に 4/26 に 54 万円の支払いがある。

　この事例におけるポイントは、教育費の負担と贈与の問題です。かわいい孫
のために祖父母から様々な援助を得ることがあります。この通帳からも孫 A
と孫 B にそれぞれ 100 万円の振込があります。まずこれらのように大きな振
込や出金の際に子などの名前のメモがあったりした場合には、子や孫などへの
贈与の有無を確認します。贈与については、振込の有無だけでなく、振込先の
通帳の管理状況、印鑑の確認、場合によっては贈与契約書など贈与の実体がき
ちんと備わっているかがポイントになります。贈与の事実そのものが問題なく
認められた場合は、相続開始前 3 年以内の相続人等に対する贈与かどうかによ
り相続税の課税財産に該当するかが決まりますが、贈与の事実が認められず、
単に振込だけしたような場合であれば、贈与ではなくお金を移し替えただけと
いうことで預け金としての取扱いになります。

　次のポイントは、孫ではなく子 X への振込と赤坂大学への振込です。子 X
への振込も孫への振込と同様に贈与の可能性があります。今回は前提として使
途がわかっているので、単純に贈与という問題になるかの検討が必要になりま
す。相続の問題にとりかかると一度は陥りがちなのが、「お金をあげる」はす
べて税務的な問題になるという誤った認識です。

　他人に対して財産を渡す、代わりに負担するというと贈与に見られがちです
が、冷静に考えてみたときに、まだ未成年であるときや学生の時に、生活費や
教育費は親が出していたということはないでしょうか？　著者自身もありまし
たし、そのような周りの人を見てそれが贈与という人はまずいないでしょう。
しかし、相続対策でお金を渡すと贈与として課税の対象になると思う人はたく
さんいます。この差はどこにあるかというと、必要性の有無と費消の事実にな

第 3 章　財産の確定　*111*

ります。この点法律上は、相続税法21条の3第1項2号において、非課税の取扱いが規定されています。また、この条項において規定されている、「扶養義務者」「生活費」「教育費」については、それぞれ相続税法基本通達により定義等が公表されていますので、これらもあわせて確認しておくべき点になります。

　さて、この通達の中でも最も重要なものは、相続税法基本通達21の3-5になります。ここのポイントは、「必要な都度直接これらの用に充てるために贈与」とされている点です。今回のケースに置き換えると、受験料、入学金、授業料これらに充てられた費用が「必要な都度直接」に該当するかになります。赤坂大学に対する振込は直接されていますので、孫Aの授業料に関しては、この要件を満たしているといえるでしょう。

　一方孫Bに対する受験料、入学金、授業料についてはどうでしょうか？一度子Xに振込がされています。これらの費用は、祖父母が負担をしたとしても、親が実際の支払い手続きを行うことが多くあります。すると、この「直接」という点が実務上はポイントとなります。金額が一致しているか、支払い時期がどのようになっているか、直接支払うことができなかった理由など、総合的に勘案することにはなるかと思いますが、この通達にあるように贈与されたお金が預貯金に変わるなど蓄財された場合には当然該当しないことになります。直接支払われなかった場合には、該当する支出の領収証等から、事実確認をして教育費等に該当するのか、あくまで子Xへの贈与なのかを相続人にもきちんと説明をして確認する必要があります。今回の事例は教育費に関することですが、生活費であっても同じことがいえますので、同様に検討します。

　なお、平成25年4月1日からいわゆる「教育資金一括贈与」の非課税制度が、平成27年4月1日からいわゆる「結婚・子育て資金の一括贈与」の非課税制度がそれぞれ設けられましたが、これらは「一括」という部分が特徴であり、あくまでこれらに該当する贈与を必要な都度直接支払う分には、従来から通常必要と認められる範囲であれば非課税になります。

　これらの制度は、将来の資金負担の心配をなくすために、一括贈与の形で将

来の分も含めて必要額の枠を設け、制度の要件に該当すればそれがまだ費消されていなくても贈与時点では非課税にするという内容になっていますので、混同しないようにしてください。ただし、相続開始時点でその贈与に係る管理残高がある場合には、一定の場合を除き相続財産に入れる必要がありますので注意してください。また、これらの一括贈与の特例制度の適用がある場合には、申請に関する書類の写しを取得する方が望ましいでしょう。

〈相続税法　21条の3第1項2号（贈与税の非課税財産）〉
　扶養義務者相互間において生活費又は教育費に充てるためにした贈与により取得した財産のうち通常必要と認められるもの

〈相続税法基本通達　1の2-1（「扶養義務者」の意義）〉
　相続税法（…略…）第1条の2第1号に規定する「扶養義務者」とは、配偶者並びに民法（…略…）第877条（…略…）の規定による直系血族及び兄弟姉妹並びに家庭裁判所の審判を受けて扶養義務者となった三親等内の親族をいうのであるが、これらの者のほか三親等内の親族で生計を一にする者については、家庭裁判所の審判がない場合であってもこれに該当するものとして取り扱うものとする。…略…

〈相続税法基本通達　21の3-3（「生活費」の意義）〉
　法第21条の3第1項2号に規定する「生活費」とは、その者の通常の日常生活を営むのに必要な費用（教育費を除く。）をいい、治療費、養育費その他これらに準ずるもの（保険金又は損害賠償金により補てんされる部分の金額を除く。）を含むものとして取り扱うものとする。

〈相続税法基本通達　21の3-4（「教育費」の意義）〉
　法第21条の3第1項2号に規定する「教育費」とは、被扶養者の教育上通常必要と認められる学資、教材費、文具費等をいい、義務教育費に限らないのであるから留意する。

〈相続税法基本通達　21の3-5（生活費及び教育費の取扱い）〉
　法第21条の3第1項の規定により生活費又は教育費に充てるためのものとして贈与税の課税価格に算入しない財産は、生活費又は教育費として必要な都度直接これらの用に充てるために贈与によって取得した財産をいうものとする。したがって、生活費又は教育費の名義で取得した財産を預貯金した場合又は株式の買入代金若しくは家屋の買入代金に充当したような場合における当該預貯金又は買

第3章　財産の確定　　113

入代金等の金額は、通常必要と認められるもの以外のものとして取り扱うものとする。

## 6 名義預金の確認

　預金の分析とともに確認する論点が「名義預金」になります。名義預金とは、家族等の名義になっている預金のうち、実質的に被相続人の財産と認められるものをいいます。一般的に、名義預金として考えられるのは、その口座の存在をその名義人が知らない場合、被相続人と同じ印鑑を使用している場合、各種手続きの実行者が名義人ではなく被相続人である場合、名義を変えた際に贈与であれば贈与税の申告がされていない場合などが挙げられます。根底の考え方としては、財産の名義人、つまり財産の所有者であれば、「自分で自由に処分や管理ができるはず」という点があります。そのため、これらのケースに当てはまる場合は、名義預金に該当する可能性が高くなりますので、過去の預金の動きや相続人等からのヒアリングにより１つ１つ確認し、名義預金に該当する場合は被相続人の相続財産として計上する必要がありますので十分注意してください。

　一般に名義預金に該当するかどうかの確認をする際には、以下のような観点から行うとよいでしょう。

・預金の資金源が被相続人であるかどうか
・預金の名義人がその財産の存在を知っているか否か
・預金の名義人が過去に贈与を受けた認識があるかどうか
・預金の名義人が管理や運用を自ら行っているか

　まず１つ目の資金源です。これは当然のことですが、元々被相続人の財産でなければ問題となる余地はありません。ここでのチェックポイントは、その名義人がその資金をそもそも持つことがおかしくないかというところです。つまり、名義人の収入と残高のバランスが合っているかという点です。例えば専業

主婦である妻の名義で多くの財産がある場合には、専業主婦である妻がどのような財産形成をしたかという理由を把握することにより、これが名義預金でないかの確認を取ることができます。もちろん専業主婦であっても、きちんと贈与手続きをして財産形成をした場合や、その専業主婦である妻の親からの相続などにより財産を取得しているなどの理由が確認できれば問題ありません。

次に預金の名義人がその財産の存在を知っているか否かについてですが、名義人の財産であれば当然その財産の存在を知っているわけですから、もし知らないということであれば、他の誰かに名義を貸している、借りられている、勝手に使われているという可能性があります。もちろん現在では、金融機関の口座開設の際には、本人確認手続きが厳しくなっていますので、安易に作成することはできませんが、一昔前は現実に行われていましたので注意が必要です。なお、これは預金を例に考えていますが、会社を経営している人などでは、非上場株式を所有していることが多く、この場合の名義株でも同様のことがあり得ますので、名義株については、名義人本人の認識は非常に重要になります。

3つ目に名義人に過去の贈与認識があるかどうかです。贈与が適切に行われていれば財産の所有者は変わっていることになりますが、贈与の認識がないのであれば、それは単に被相続人ではない名義にお金を預け入れた、貸し付けたということになります。そのため、なんとなくお金が入っているという場合は口座全体の場合は名義預金、口座全体ではない場合は預け金や貸付金として相続財産に計上する必要があります。では、贈与の認識をどのように確認すればよいでしょうか。贈与契約書、贈与税申告書の控えなどの客観的な裏づけが取れるものがあればまずそれらを確認します。贈与契約は口頭でももちろん問題はなく、特に親族間においては贈与契約書がない場合も多いのですが、その場合はできるだけ当時の経緯や状況をヒアリングし客観的に説明できるように情報を整理しておきましょう。なお、贈与契約書については、遡って作成することも場合によってはできてしまう可能性があるので、相続対策で贈与を確実に行いたい場合は、自署し印鑑も混同しないように実印にするなど第三者が見て本人が作成したと判断されるようにしておいた方がよいでしょう。また贈与時

期も問題になりやすいため、贈与契約書に公証役場で確定日付を取得するなどの対策も行ってもよいでしょう。

　最後に管理や運用になります。自身の所有している財産ということは、それをいつでも使える状況にあるため、管理も自身で行い、運用や処分が自身の判断でできるということになります。そのため、通帳、カード、印鑑などを自分で管理していなかったり、金融機関における手続きを名義人が行っていなかったりすると、この管理や運用の部分で疑義が生じる可能性があります。例えば被相続人と相続人が離れて暮らしている場合で、相続人名義の通帳の動きの中で、相続人の住所の近くの支店やATMで引き出しが多かったりすると、名義人である相続人が自身で管理や運用をしていたのではないかという可能性が高くなります。一方で、被相続人の住所の近くのみで引き出しがされていたりすると名義人自身で管理をしていなかったのではないかということになります。税務調査の際には税務当局が金融機関にも照会をかけ、場合によっては、過去の手続きの筆跡等も確認することがあります。また、被相続人と相続人がそれぞれの名義の通帳で同じ印鑑を使用していると、相続人名義の通帳で手続きをする際に、被相続人に確認や許可を取らなければならないと捉えられ、相続人名義の口座が名義預金と認定される可能性もありますので、使用している印鑑も合わせて確認する必要があります。

　これらのチェックポイントを意識しながら、総合的に判断して名義預金かどうかの確認をします。もちろん、相続人本人が全く知らなかったりすれば名義預金となりますが、管理を他の人が行っていた場合などであっても総合的に判断して問題ないというケースもありますので、過去の裁判例等を参考にしながら、案件ごとの事実と比較して判断をすることになります。

## 7 ネットバンク等の取扱い

　一昔前は若い人を中心として利用されていた印象のいわゆるネットバンクですが、最近は利用する人が増えてきました。そのため、相続の場面でもネットバンクを利用している人を目にすることが多くなっています。ネットバンクの

難しいところは、通帳等が家にないため、相続人がその存在を知ることが難しいところにあります。被相続人の普段使用しているパソコンの中に情報が入っていることが多いので、中身を確認することができれば手がかりを見つけやすく、金融機関のIDやパスワードが見つかれば口座の有無や履歴の取得も容易にすることができます。

　一方で、パソコンにログインできないとなると、手がかりがなくなってしまうため、他の預金口座の入出金記録や、被相続人の過去の行動や言動から推測し、可能性がある金融機関に個別に照会を行っていくことになります。ネットバンクを中心にお話をしましたが、多くの銀行で通帳なし口座も増えてきています。同じようなことが想定されますので、通帳なし口座の場合も含めて口座の漏れがないように確認しましょう。

## 8　預貯金口座付番制度

　通称「口座管理法」の制定により、マイナンバーを用いて預貯金口座を管理する制度が設けられます。これは相続時に相続人が被相続人の口座情報を把握できるようにすることにより、口座の把握漏れを減らすことを目的としたり、災害時において避難先にある銀行等が口座情報を確認しその銀行等で現金が引出し可能になるなどのメリットがあります。この制度の具体的な運用については、令和6年度末頃から開始されます。

　この制度はマイナンバーが前提となりますので、マイナンバーを預貯金口座に付番するということが必要になります。今まで、銀行等ではマイナンバーの提出は投資信託や債券等の取引がなければ必須とはされておらず任意となっていました。今後も同様で口座の開設時には銀行等からマイナンバーの届出の意向を確認されますが、本人の届出なく預貯金口座にマイナンバーが付番されることはありません。そのため、メリットをよく理解した上で付番するかを決定すればよいことになります。

　なお、多くの人が気にする点として、預貯金口座に付番すると、所得・資産の情報が国に伝わるかどうかについてですが、この点デジタル庁の制度の

第3章　財産の確定　　117

Q&A において、「国が預貯金者の口座情報を確認できるのは、法令に基づき、必要な社会保障の資力調査や税務調査などを行う場合に限られています。これら調査等において、マイナンバーを使って本人の預貯金口座を特定・確認する可能性はあるものの、これら調査等以外で、国が預貯金者の口座情報を確認することはできません。」としていることから、普段から管理されることはないとしても、税務調査の際には一括で情報を取得しやすくなることは想定されます。相続時には相続人としては非常にメリットがあるものの、国に管理されるという印象を持つ人が正直多いのではないかと思いますので、多くの人が実行に移すまでにはまだ時間がかかるのではないでしょうか。

# 3 不動産の資料

　預貯金と並んで相続業務の際に押さえておかなければならないもう１つの重要な財産が不動産になります。不動産は価値が非常に高く、相続財産のうち不動産の占める割合が半分近くになることもよくあります。場合によっては、ほとんどが不動産ということもあります。このように相続財産の多くを占める不動産の評価は相続税額にも大きな影響を与えるため、資料をきちんと入手し読み取ることが必要です。

## 1　所有不動産の確認

　まずは不動産の所有状況を確認することから始まります。確認の方法として以下の３つからアプローチをしていきます。

> ①　自宅にある不動産権利証（登記済証・登記識別情報通知）を確認
> ②　毎年１回市区町村から届く固定資産税の納税通知書に同封されている固定資産税課税明細書を確認
> ③　自宅等使用している不動産について、登記情報を確認

　この３つのどの方法を選択すればよいということではなく、正確に不動産の所有状況を確認したい場合は、すべて実行することが望ましいです。

　まずは、相続人等との打ち合わせの中で不動産の権利証があればそれを確認します。権利証はあくまで、不動産の登記を行った時の資料になりますので、確認できた不動産について、現在の状況は別途確認する必要があります。ここでは、不動産の所有の可能性が高いものを確認するという趣旨になります。現況の確認は、具体的には、後に出てくる不動産登記事項証明書であったり、名寄帳などにより確定していきます。

　２つ目の確認方法として毎年１回市区町村から送られてくる固定資産税の納

第３章　財産の確定　　119

税通知書を確認します。この中には、税額計算の基となった不動産1つ1つの詳細が記載された固定資産税課税明細書が同封されています。そのため、この明細から、所有不動産を確認することができます。

3つ目の確認方法として実際に使用している場所がわかっていれば、その場所から該当する土地・建物を確認して、1つ1つ不動産登記を確認するという方法です。

## 2 不動産権利証

不動産のいわゆる権利証は、従来型のものは登記済証といい所有権等の登記が終わったときに法務局から申請人に交付されるものです。登記が行われたことを証明するものであり、特にこれがないからといって権利がなくなったり、その登記が抹消されるわけではありません。

現在では法改正により、登記済証ではなく、登記識別情報通知といい、12桁の符号が書かれた書面を受け取ります。符号が書かれている部分は目隠しのシールが貼ってありますが、この識別情報は次に権利を移転する際に使用するものですので、売買等がなければはがさずにそのままにしておきます。この通知には不動産の地番や家屋番号、その他申請に関する情報が記載されていますが、地目や地積などの詳細は記載されていないため、登記事項証明書が一緒にありましたら、詳細はここから確認します。

(法務省ホームページ)

## 3 固定資産税課税明細書

　固定資産税の課税明細書は各市区町村によりフォーマットは異なりますが、どの市区町村も書かれている内容は変わりませんので、見るべきポイントを押さえれば問題ありません。固定資産税課税明細書は、固定資産税の納税通知書

とあわせて送られてきますが、あくまで固定資産税の納税通知であるため、固定資産税の免税点以下の評価額しかついていない場合は、送られてきません。

　そのため、通知書が送られてこないからといって必ずしもその該当する市区町村に不動産を所有していないとはいえません。また、不動産を共有している場合も、市区町村により取扱いが異なりますが、共有の代表者にのみ送られてくることが多いので、共有している物件が漏れる可能性があることを注意しなければなりません。

## 固定資産税課税明細書

資料２　課税明細書の表示内容

| 納税義務者（納税管理人）氏名 | | | ○　○　　○　○　様 | | | | 通知書番号 | |
|---|---|---|---|---|---|---|---|---|
| 納税管理人・相続人が設定されている場合の所有者名 | | | | | | | ○○○－△△△－×××× | |
| 区分 | 所　在　地（町田市） | | （棟番号） | 備　考（家屋番号） | | 評価額（円） | 控　除　等 | |
| | 登記地目又は課税地種類 | 登記面積（㎡） | 固定前年度課税標準額（円） | 固定当該年度課税標準額（円） | 固定控除税額（円） | 固定税額相当額（円） | 負担水準 上：固定，下：都計 | |
| | 課税地目又は課税地構造 | 課税面積（㎡） | 都計前年度課税標準額（円） | 都計当該年度課税標準額（円） | 都計控除税額（円） | 都計税額相当額（円） | 小規模／一般／非住 | |
| 土地 | ○○町　△△－×× | | | みなす | | 10,000,000 | 住宅用地 | |
| | 宅地 | 150.00 | 1,666,666 | 1,666,666 | | | 23,333 | |
| | 宅地 | 100.00 | 3,333,333 | 3,333,333 | | | 7,999 | |
| 共用 | ○○町　△△－×× | | | | | 120,000,000 | 住宅用地 | |
| | 宅地 | 1000.00 | 20,000,000 | 20,000,000 | | | 28,000 | |
| | 宅地 | 1000.00 | 40,000,000 | 40,000,000 | | | 9,600 | |
| 土地 | ○○町　△△－×× | | | | | | 非課税 | |
| | 宅地 | 20.17 | | | | | 0 | |
| | 公衆用道路 | 20.17 | | | | | 0 | |
| 家屋 | ○○町　△△－×× | | 00010000 － 00 | △△番× | | 7,500,000 | 新築住宅（3年） | |
| | 居宅 | 120.00 | | 7,500,000 | 52,500 | 52,500 | H28 まで | |
| | 軽鉄（4mm） | 120.00 | | 7,500,000 | | 18,000 | | |
| 共用 | ○○町　△△－×× | | 00010000 － 00 | △△番× | | 25,000,000 | | |
| | 事務所 | 300.00 | | 25,000,000 | | 3,500 | | |
| | 鉄骨 | 300.00 | | 25,000,000 | | 600 | | |

（東京都町田市ホームページ）

　固定資産税課税明細書を見る際には、以下のポイントを押さえてください。

《土地の場合》

①　所在地：登記されている地番の確認

②　地目：登記地目だけでなく現況地目の確認が重要

③　面積：登記面積だけでなく課税面積の確認が重要

④　評価額：その年分の固定資産税評価額。市区町村によっては「価格」

と表示されている場合がある

《建物の場合》
① 所在地：その建物が存在する土地の地番の確認
② 課税種類や課税構造：建物の構造などが記載されている。現物確認の際の照合に役立つ
③ 面積：登記面積だけでなく課税面積を確認。増築している場合など、登記が変更されていなくても固定資産税の課税上は考慮されていることがあり、これも現物確認の際の照合に役立つ
④ 評価額：土地と同様その年分の固定資産税評価額。相続税における建物の評価は固定資産税評価額になるので、建物の評価はここからすぐに確認することができる

# 4 所在場所からの不動産の確認

　所有している可能性が高い不動産の場所が特定できている場合には、その不動産に関する登記情報を集めていくことにより、所有不動産を確認することができます。例えば、自宅の不動産について親族のものと聞いているが共有持分があるかもしれない場合や近くの私道の所有の確認など、所有している可能性と具体的な場所さえわかれば確認することができますので、相続人等と話をする中で可能性がありそうな場合は、確認するとよいでしょう。

　これを行うとよいケースは、先代の名義の不動産の登記が変更されていない場合です。この後に解説する「名寄帳の取得」では、あくまで被相続人の名義での確認を基本とするため、先代の名義のまま不動産が残されていると検索でヒットしません。相続人等の話から、昔このあたりに所有していた不動産があったようなということが聞けた場合も積極的に登記を確認するとよいでしょう。

第3章 財産の確定　123

## 5 名寄帳の取得

　固定資産税の納税通知書が送られてこないケースでの不動産の漏れを防ぐため、不動産の所有の可能性がある市区町村には、名寄帳の取得手続きをします。名寄帳は対象者の所有している不動産が網羅できるため、この取得手続きは是非行ってください。特に共有物件の可能性がある場合は必須です。単独で所有しているものも共有で所有しているものも基本的に確認ができますので、市区町村等の役所の担当者にその旨を伝えて調べてもらうことになります。

　名寄帳を取得すると基本的に非課税となっている不動産も調べることができますので、これらの漏れも防止することができます。固定資産税は非課税であっても、相続税においては評価をしなければならないものもありますし、昨今問題となっている相続登記が未了のまま長年放置されるということも事前に把握ができます。

　なお、納税通知書・評価明細書、名寄帳はいずれも物件所有者およびその相続人等でなければ取得できないため、税理士が取得する場合には、委任状による代理取得となります。

　名寄帳は、固定資産税課税明細書と同様の情報になりますが、これを取得した際には、固定資産税の納税額も記載されているため、相続開始時点における固定資産税の未払い税金の額の算定にも使うことができます。

**名寄帳**

（久留米市ホームページ）

納税義務者　住所　830-8520　福岡県久留米市城南町15番地3
　　　　　　氏名　久留米 太郎 外1名

納税　住所
又は
納税　氏名

| 土地 | 所在地 | 地目 | 地積 | 価格 | 小規模地積 | 一般住宅地積 | 負担水準 | 課税標準額 |
|------|--------|------|------|------|-----------|-------------|---------|-----------|

（③）① 城南町15番3（部屋番号101）
　　　第一コード　11111111111
　区分　　宅地　2243.21
　　　宅地　2243.21

2　野中町 970番1
　　　22222222222
共有　　畑　209,000
　　　宅地　198.01

| 家屋 | 所在地 | 家屋番号 | 構造 | 用途 | 床面積 | 建築年 |
|------|--------|---------|------|------|-------|-------|

(1) ② 城南町
　　　15番3の101
共有　　野中町
　　　970番1

第1期　65,200円
第2期　65,000円
第3期　65,000円
第4期　65,000円
通知書納期別　260,200円

第3章　財産の確定　125

## 6 固定資産税評価証明書

　固定資産税関係の資料であわせて入手した方がよいのが、固定資産税評価証明書です。実際には、他の資料から固定資産税評価額はわかりますが、この評価額を証明している書類になります。登記申請等を行う際にはこの固定資産税評価証明書が必要になる場合があります。このように、通常は名寄帳や固定資産税の評価明細書があれば事足りることが多いですが、非課税物件の確認ができたり、マンションや団地の区分所有をしている場合には、居住している部屋の他に集会所などを共有して所有していることがこの固定資産税評価証明書の取得で初めてわかることがあります。問題なければこのタイミングであわせて入手した方がよいでしょう。

## 7 基本資料の収集

　所有不動産が確認できたら、各不動産の詳細を確認する作業に入ります。基本資料としては、以下のものを用意します。

① 登記事項証明書（登記簿謄本）
② 公図、ブルーマップ、住宅地図
③ 地積測量図
④ 建物図面
⑤ 路線価図、評価倍率表

## 8 登記事項証明書（登記簿謄本）の取得

　所有物件が確認できたら、次に入手すべきものはその物件の権利関係の記載がある登記事項証明書になります。昔は登記簿の写しである謄本であったため登記簿謄本といわれていましたが、現在は登記記録の電子データの証明書になっているため、登記事項証明書になっています。一般的には、登記簿謄本ということも多くあります。

登記事項証明書については、過去の履歴も含めて記載されている「全部事項証明書」と現に効力を有する登記事項のみを記載した「現在事項証明書」というものがあります。相続においては、できるだけ情報を集めることが望ましく、過去の履歴も大きなヒントになりますので、通常は全部事項証明書を取得すると覚えてください。全部事項証明書の取得方法等については、また後述します。

## (1) 全部事項証明書（登記簿謄本）の内容

　全部事項証明書（以下「登記簿謄本」といいます）は土地、建物の2種類に分かれています。ちなみに、分譲マンションのような区分所有建物については、建物と土地が別々で所有権に関する情報が登記されていることもありますが、この場合、区分建物と土地部分を別々に処分できてしまう可能性があるため、こういったことを防止するために、区分建物に敷地利用権を紐づけて一体で登記させることにより、個別に処分できないようにしていることがほとんどです。その際に建物の登記にその所在する土地が「敷地権」であることが記載されていますので、この場合は建物の登記ではあるものの敷地権である土地があることを読み解き、土地の評価を行わなければならないことになります。

## (2) 登記簿謄本の構成と土地の登記簿謄本

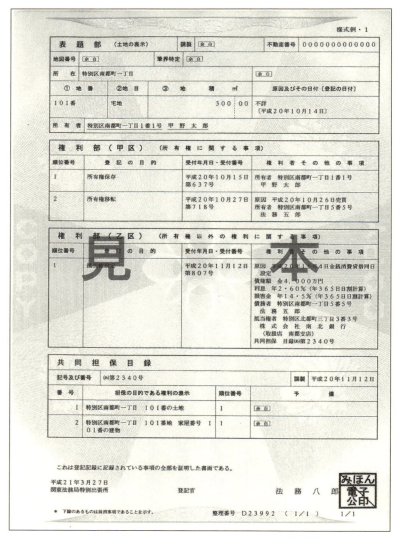

（法務省ホームページ）

登記簿謄本の構成は、表題部と権利部、共同担保目録に大きく分かれます。表題部は、その不動産の内容についての情報になります。権利部は甲区と乙区に分かれ、甲区はその不動産の所有権に関する権利状況を示しており、誰がどのような理由でいつ取得したかがわかります。共有している場合はここに持分が記載されます。乙区はその不動産についての所有権以外の権利に関する内容が記され、主に抵当の有無などがわかります。最後の共同担保目録は権利部の乙区の抵当権と連動して抵当権が設定されているものが記載されるところになります。そのため、ここに記載のある不動産は所有している可能性が高くなるので、これらの登記も確認する必要があります。

## (3) 土地の登記簿謄本における表題部

　表題部はその土地の内容を表すものになりますので、場所（所在・地番）、地目、地積等が記載されています。土地の登記の管理はこの地番という番号で行います。このように地番で管理している単位を「筆」といいます。あくまで登記上の管理に過ぎませんので、住居表示とは異なりますし、利用単位とも異なります。よって、1つの筆に複数の建物が所在することもありますし、2つ以上の筆の上に1つの建物しか存在しないということもあります。

　次が地目であり、宅地や田、畑などのようにその利用状況や利用目的をここで表現しています。ただし、この登記地目は登記された当時のものであり、その後、何らかの理由で実際には利用状況が異なっていることもよくあります。先ほど見た固定資産税の評価はこの登記地目ではなく現況地目で通常行われますので、登記、固定資産税の課税上の取扱い、現場確認も含めて判断することが必要です。

　最後が地積になります。この地積とは公簿面積のことであり、実測面積とは異なります。当時の測量技術などの理由から実際の面積とは異っていることも多く、近年測量を行っているものについては大きく差異が出ることは少ないですが、例えば戦前から所有しているような古い土地については、実測面積の方が大きいいわゆる「縄伸び」や実測面積の方が小さい「縄縮み」が起こる可能性がありますので、乖離が大きく出そうな状況か否かを実際に簡単に測ってみ

て誤差が生じているようであれば、測量をすることも場合によって必要になります。

## (4) 登記簿謄本における権利部

　権利部の記載については土地も建物も違いはなく、所有権者が誰かという情報や、その取得日、取得原因等が記載されています。共有になっている場合は、ここに所有している者と持分が記載されますので、被相続人がどれだけ持っているかもあわせて確認します。

　また、この欄で重要なことは、登記原因です。この土地の登記簿謄本のサンプルでは、平成20年10月26日売買となっていますが、これが相続や贈与であれば、それぞれ相続や贈与と記載されます。この点を確認して財産がどのように形成されたかということを確認する必要があります。例えば、不動産の売買をここから把握し、その資金の出所が大きな預金の動きと一致すれば、不明出金が1つ解決することにつながります。

　また、乙区の部分には、抵当権の記載がよく見られます。抵当権設定日や債権額から債務が把握できます。債権者の記載がありますので、この債権者あてに残高証明書の取得を依頼するなどして相続開始時点での債務を確認することにつながります。

## (5) 建物の登記簿謄本

### 登記簿謄本（建物）

様式例・2

| 表 題 部 | （主である建物の表示） | 調製 | 余白 | | 不動産番号 | 0000000000000 |
|---|---|---|---|---|---|---|

| 所在図番号 | 余白 | | |
|---|---|---|---|
| 所　　在 | 特別区南都町一丁目　101番地 | | 余白 |
| 家屋番号 | 101番 | | 余白 |

| ① 種　類 | ② 構　造 | ③ 床　面　積　㎡ | 原因及びその日付〔登記の日付〕 |
|---|---|---|---|
| 居宅 | 木造かわらぶき2階建 | 1階　　80：00<br>2階　　70：00 | 平成20年11月1日新築<br>〔平成20年11月12日〕 |

| 表 題 部 | （附属建物の表示） | | | |
|---|---|---|---|---|

| 符　号 | ①種　類 | ② 構　造 | ③ 床　面　積　㎡ | 原因及びその日付〔登記の日付〕 |
|---|---|---|---|---|
| 1 | 物置 | 木造かわらぶき平家建 | 30：00 | 〔平成20年11月12日〕 |

| 所 有 者 | 特別区南都町一丁目5番5号　法 務 五 郎 |
|---|---|

| 権 利 部 （甲 区） | （所 有 権 に 関 す る 事 項） | | |
|---|---|---|---|
| 順位番号 | 登 記 の 目 的 | 受付年月日・受付番号 | 権 利 者 そ の 他 の 事 項 |
| 1 | 所有権保存 | 平成20年11月12日<br>第806号 | 所有者　特別区南都町一丁目5番5号<br>法 務 五 郎 |

| 権 利 部 （乙 区） | （所 有 権 以 外 の 権 利 に 関 す る 事 項） | | |
|---|---|---|---|
| 順位番号 | 登 記 の 目 的 | 受付年月日・受付番号 | 権 利 者 そ の 他 の 事 項 |
| 1 | 抵当権設定 | 平成20年11月12日<br>第807号 | 原因　平成20年11月4日金銭消費貸借同日<br>設定<br>債権額　金4,000万円<br>利息　年2・60％（年365日日割計算）<br>損害金　年14・5％（年365日日割計算）<br>債務者　特別区南都町一丁目5番5号<br>法 務 五 郎<br>抵当権者　特別区北都町三丁目3番3号<br>株 式 会 社 南 北 銀 行<br>（取扱店　南都支店）<br>共同担保　目録（あ）第2340号 |

| 共 同 担 保 目 録 | | | | |
|---|---|---|---|---|
| 記号及び番号 | （あ）第2340号 | | 調製 | 平成20年11月12日 |
| 番　号 | 担保の目的である権利の表示 | 順位番号 | 予　　備 | |
| 1 | 特別区南都町一丁目　101番の土地 | 1 | 余白 | |
| 2 | 特別区南都町一丁目　101番地 家屋番号　101番の建物 | 1 | 余白 | |

＊　下線のあるものは抹消事項であることを示す。　　　整理番号　D23990　（2／2）　　1／2

これは登記記録に記録されている事項の全部を証明した書面である。

平成21年3月27日
関東法務局特別出張所　　　　登記官　　　　　　法　務　八　郎　　　みほん電子公印

＊　下線のあるものは抹消事項であることを示す。　　整理番号　D23990　（ 2／2 ）　　2／2

（法務省ホームページ）

　建物の登記簿謄本の構成も先ほどの土地と同じになります。建物の登記簿になりますので、建物の内容を表す表題部については土地と異なります。

　建物の表題部には、所在、家屋番号、種類、構造、床面積等の情報が記載されます。このほかに附属建物が記載されることがあります。建物の登記は本来1つずつされるべきですが、主たる建物と利用上一体となっている建物がある場合に限り附属建物として登記されることがあります。もちろん所有者が異なる場合や独立して利用されているような場合には、それぞれ別の建物として登記が必要になります。

　建物の管理は「家屋番号」によって行います。そのため登記されているものはこの家屋番号が付されます。建物の中には、未登記といって登記がされていない建物も存在します。多くの場合、未登記であっても建物が所在する市区町村では固定資産税の課税上管理がされており、名寄帳や固定資産税課税明細書には、家屋番号欄が空白または未登記の記載がされた上で、評価額が付けられ、課税も行われています。そのため、現場を確認して、実際の建物と登記が一致しない場合は未登記の可能性が高くなりますので、名寄帳を確認します。

　家屋番号以外の登記の内容ですが、この建物がどのようなものかが記されています。まず所在ですが、これはどの土地の地番に建っているかが記されています。その建物が所在している土地の権利についてここで確認します。例えば、他人の土地に建物を建てている場合は、自身で土地を所有しておらず、貸主との間の契約書等が見当たらなければ土地に関する情報が手に入らないため、こ

の部分で権利関係等を確認します。

　次に種類、構造、床面積ですが、種類の欄であれば居宅や事務所、倉庫など
が記載され、構造の欄には建物の構造である木造や鉄筋コンクリートなどの材
質、階数が記載され、床面積の欄には各階ごとの床面積が記載されます。これ
らの情報から現物の確認ができるようになっています。

## （6）区分所有建物の登記簿謄本

### 登記簿謄本（区分所有建物）

様式例・3

| 専有部分の家屋番号 | 3－1－101　3－1－102　3－1－201　3－1－202 | | | |
|---|---|---|---|---|

| 表　題　部 | （一棟の建物の表示） | | 調製 | 余白 | | 所在図番号 | 余白 |
|---|---|---|---|---|---|---|---|

| 所　在 | 特別区南都町一丁目　3番地1 | | 余白 |
|---|---|---|---|

| 建物の名称 | ひばりが丘一号館 | | 余白 |
|---|---|---|---|

| ①　構　　造 | ②　床　面　積　　㎡ | 原因及びその日付〔登記の日付〕 |
|---|---|---|
| 鉄筋コンクリート造陸屋根2<br>階建 | 1階　　300　60<br>2階　　300　40 | 〔平成20年11月11日〕 |

| 表　題　部 | （敷地権の目的である土地の表示） | | | | |
|---|---|---|---|---|---|
| ①土地の符号 | ② 所 在 及 び 地 番 | ③地　目 | ④ 地　積　　㎡ | 登 記 の 日 付 |
| 1 | 特別区南都町一丁目3番1 | 宅地 | 350　76 | 平成20年11月11日 |

| 表　題　部 | （専有部分の建物の表示） | | 不動産番号 | 0000000000000 |
|---|---|---|---|---|

| 家屋番号 | 特別区南都町一丁目　3番1の101 | | 余白 |
|---|---|---|---|

| 建物の名称 | R10 | | 余白 |
|---|---|---|---|

| ①　種　類 | ②　構　　造 | ③　床　面　積　　㎡ | 原因及びその日付〔登記の日付〕 |
|---|---|---|---|
| 居宅 | 鉄筋コンクリート造1階建 | 1階部分　　150　42 | 平成20年11月7日新築<br>〔平成20年11月11日〕 |

| 表　題　部 | （敷地権の表示） | | | |
|---|---|---|---|---|
| ①土地の符号 | ②敷地権の種類 | ③ 敷 地 権 の 割 合 | 原因及びその日付〔登記の日付〕 |
| 1 | 所有権 | 4分の1 | 平成20年11月7日敷地権<br>〔平成20年11月11日〕 |

| 所 有 者 | 特別区東都町一丁目2番3号　株 式 会 社 甲 不 動 産 |
|---|---|

| 権 利 部 （ 甲 区 ） | （ 所 有 権 に 関 す る 事 項 ） | | |
|---|---|---|---|
| 順位番号 | 登 記 の 目 的 | 受付年月日・受付番号 | 権 利 者 そ の 他 の 事 項 |
| 1 | 所有権保存 | 平成20年11月12日<br>第771号 | 原因　平成20年11月11日売買<br>所有者　特別区南都町一丁目1番1号<br>　　甲野　一郎 |

| 権 利 部 （ 乙 区 ） | （ 所 有 権 以 外 の 権 利 に 関 す る 事 項 ） | | |
|---|---|---|---|
| 順位番号 | 登 記 の 目 的 | 受付年月日・受付番号 | 権 利 者 そ の 他 の 事 項 |
| 1 | 抵当権設定 | 平成20年11月12日<br>第772号 | 原因　平成20年11月12日金銭消費貸借同<br>　　日設定<br>債権額　金4,000万円<br>利息　年2・60％（年365日日割計算）<br>損害金　年14・5％（年365日日割計算）<br>債務者　特別区南都町一丁目1番1号<br>　　甲野　一郎<br>抵当権者　特別区北都町三丁目3番3号 |

＊　下線のあるものは抹消事項であることを示す。　　　整理番号　D23991　（1／1）　　1／2

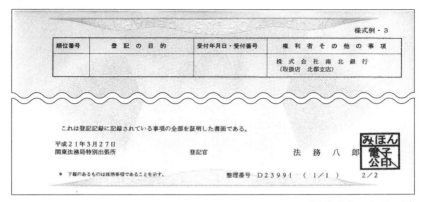

(法務省ホームページ)

　最後の登記簿謄本はマンション等の区分所有建物になります。建物の謄本であるため、先ほどの建物と同様の内容が記載されていますが、区分所有のため、建物全体と実際に所有している部屋部分の両方の記載が必要になり、表題部が1棟の建物に関する部分と専有部分の建物に関する部分の両方が記載されていることが特徴です。各所有権者の管理は先ほどの建物と同様、家屋番号によって管理されています。

　もう1つ特徴的なことは、1棟の建物全体が所在している土地部分が「敷地権の目的である土地の表示」に記載され、さらに、その家屋番号によって管理されている建物（部屋）部分に対応する敷地権が記載されていることです。各家屋番号に敷地権の所有部分が紐づけされているため、1つの登記になっており、建物の所有者それぞれに対応する土地の登記簿は存在しません。敷地権の表示部分にある敷地権の割合が全体の土地に対する共有持分を表しますので、相続の土地の評価を行う際は、敷地権の目的である土地全体を評価し、敷地権の割合を乗じて計算することになります。

## 9　公図とブルーマップ・住宅地図

　名寄帳や登記簿謄本から所有不動産に関する情報は入手できますが、これは、筆ごと、家屋番号ごとのリストになっています。先ほど述べたとおり所有して

いる土地の地番は住居表示と一致するわけではありません。そのため、地番がわかったら、その土地の具体的な場所を確認する必要があります。この具体的な場所を示しているのが「公図」になります。ただし、この公図はあくまで正確な地図ではなく、大まかな場所と形状を示しているものですので、実際の土地と形状や大きさが異なることもよくあります。

　また、目印となる建築物の記載などは一切ありませんので、場合によっては、場所が正確に特定できないこともあります。これらを補完するために「住宅地図」と見比べながら確認することが必要です。この見比べる作業が大変なこともありますので、この2つの図面を重ね合わせた地図があります。これが「ブルーマップ」で、地図会社のゼンリンから発売されていますので、場合によってはこの資料も入手した方がよいでしょう。これらをまず入手して、具体的な場所を特定することになります。

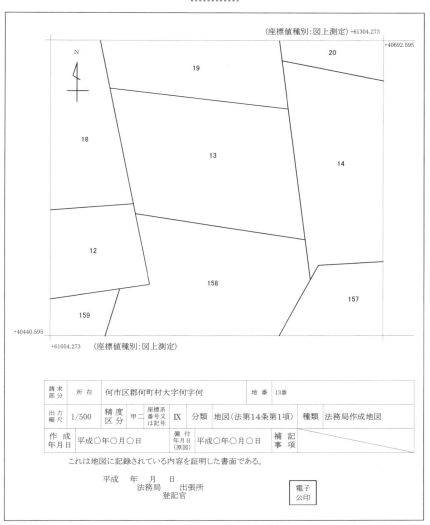

第3章 財産の確定

**ブルーマップ**

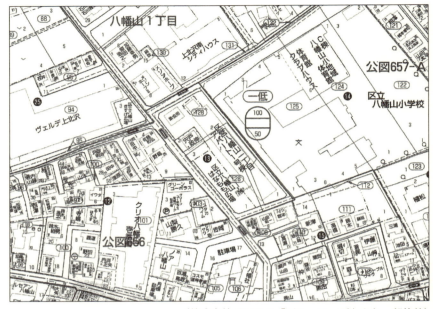

（株式会社ゼンリン「ブルーマップ」より一部抜粋）

　いままで公図について触れてきましたが、正確には「地図」になります。不動産登記法上は14条に規定され「地図」と表現されています。そのため14条地図と表現することもあります。この地図は、登記所に備え付けられているもので、各土地の区画を明確にし、地番を表示するものとされています。

　地図というと市販されている地図と混乱してしまうため、ここでは公図と表現をしているという理由もありますが、現在でも一般的に公図といわれていることには理由があります。それは同法の14条4項に、「第1項の規定にかかわらず、登記所には、同項の規定により地図が備え付けられるまでの間、これに代えて、地図に準ずる図面を備え付けることができる。」と規定されていることが関係します。この地図に準ずる図面として用いられているのが、旧土地台帳法によって保管されていた土地附属台帳地図などを主としてそのまま登記所

に備えられている図面であり、地図ではないが公の図面であるため「公図」と呼ばれています。14条地図は、国土地理院が決めている国家基準点（三角点）を基準として測量法による厳密な精度をもった測量に基づいて作成されなければならないため、現状整備が追いついておらず多くの図面がいまだに公図のままとなっています。

公図のサンプルにある分類の欄には、「地図（法第14条第1項）」と記載されていますので、これは、正確には公図ではなく地図に該当します。これが公図の場合は、「地図に準ずる図面」と記載されます。この2つの大きな違いは、精度の差です。土地の面積や距離、形状、位置について正確性が高く、境界を一定の誤差の範囲内で復元可能なものが地図になります。逆をいえば公図の場合は、その正確性が低いということになりますので、公図の使用はあくまで概要をつかむためと考えた方がよいです。

## 10　地積測量図の取得

相続税の計算のために土地の評価を路線価方式で行う場合には、その土地の形状や距離などの情報が不可欠になります。しかし、地図ではなくまだ公図が大勢を占めているという状況では、それらをどのように把握すればよいのでしょうか。

正確な情報をつかむための資料として地積測量図を入手します。地積測量図は、土地の地積に関する測量の結果を示すものであり、地積だけではなく、形状、筆界点間の距離、境界標などが示されています。作成年代などにより必ずしも厳密な正確性が備わっていないこともありますが、測量の結果により作成される図面になりますし、距離の記載もあることから、実務的には地積測量図が入手できる場合には、これを基本的な資料として評価に使用します。しかし、地積測量図は必ずしもすべての土地に備え付けられているわけではありません。法務局に地積測量図の提出が義務づけられているのは、分筆登記を申請する際や表示登記の変更を申請する際など一定の場合に該当するときだけになります。そのため、地積測量図を入手しようと思っても、法務局にないということも珍

第3章　財産の確定　*139*

しくありませんので注意しなければなりません。法務局に提出していないものの、被相続人の自宅等で測量図が見つかることもあります。

測量図には3種類あり、法務局に登録された「地積測量図」、隣地所有者の境界承諾印があり境界標が明示されている「確定測量図」、土地の境界について承認が得られているか不明であるが現況を測量している「現況測量図」があります。現況測量図の場合は、隣地との境界が確定していないことになるため、その地積や形状などが正確ではない可能性があるので注意ですが、先ほどの公図しかない場合よりも、実体に即した図面になります。評価の際には資料として一定の有効性がありますので、入手した方がよいでしょう。

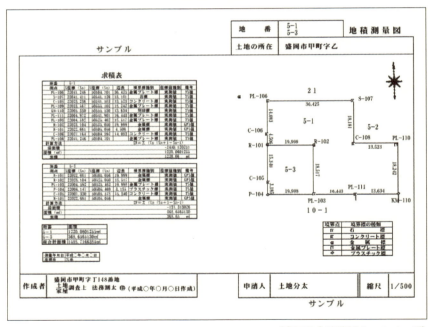

（盛岡地方法務局ホームページ）

## 11　建物図面の取得

　建物図面とは、建物の位置・形状等を示す図面で、建物を新築や増築等をした場合に登記申請の際に法務局に提出する図面になります。通常は各階平面図とセットになっています。図面のサンプルを見るとわかるとおり、建物が土地のどの位置に存在しているか、建物がどのような形状かを示し、距離等も記載されています。

　建物図面はあくまで建物に関する図面であり、地積測量図とは異なり土地の形状などが必ずしも正確であるかはわかりません。しかし、地積測量図がない場合などには、一般に公図よりは正確性が高いとされているため、間口距離や奥行距離などの参考資料として使用することもあります。

　また、土地のどの位置に存在しているかがわかるため、ごくまれですが隣地にまたいで建物が建っているなどの確認ができたり、土地を借りている場合には、どの土地までが建物に利用されているかなどがわかることから、できるだけ他の資料と一緒に取得した方がよいでしょう。なお、家屋番号ごとに管理されている図面になりますので、未登記の場合は存在しません。

第3章　財産の確定　　141

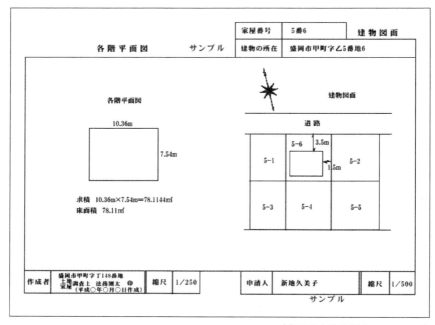

(盛岡地方法務局ホームページ)

## 12 基本資料の取得方法

　ここまで見てきた基本資料は、ブルーマップおよび住宅地図を除き、法務局に備え付けられているものであり、誰でも委任状なしで取得することができます。登記所（法務局）等の窓口での取得、郵送による取得、オンライン申請による取得のいずれの方法でもできます。また、現在は登記事務のコンピュータ化が完了し、他の登記所管轄の登記簿謄本であっても取得できますので、窓口で取得する場合は最寄りの登記所に行って問題ありません。

　登記簿謄本等の正式な証明書や図面を取得する際には、上記の３つの方法のいずれかにより取得しますが、情報だけわかればよいという場合には、一般財団法人民事法務協会が運営している「登記情報提供サービス（https://www1.

touki.or.jp/）」のサイトから確認することができます。あくまで登記内容を確認する目的のためであり、印刷しても登記官の認証文や登記官印が付されておらず、法的な証明力はありません。しかしながら、インターネット上からすぐに情報が取得できるため、大変便利なサービスになっています。サービス提供時間が決まっていることと、情報の取得に関して利用料がかかることに注意してください。

## 13　路線価図・評価倍率表

　場所や形状等の確認ができたら、次に必要なものは路線価図または倍率表になります。倍率表の場合は、ある程度の地域と場所がわかれば問題ないかと思いますが、路線価図の場合は、具体的な場所が特定できないと、正確な路線価が把握できませんので、場所が特定できてからこの路線価図を入手することになります。

　路線価図および倍率表については、国税庁のホームページ上で取得することができます。路線価図や倍率表は毎年7月1日頃にその年分のものが公表されます。公表される路線価図等はその年分のすべての課税時期に利用されるため、例えば4月に発生した相続であっても、7月の路線価図等の公表を待たないと、正確な評価は出ないことになります。

第3章　財産の確定　　143

## (1) 路線価図

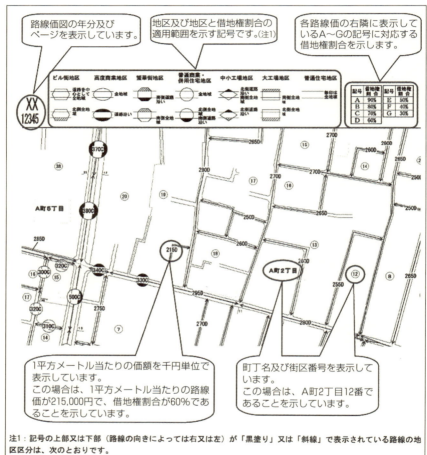

（国税庁ホームページ：路線価図の説明）

路線価図を確認する際には、必ず左上または、右上を見てどの年分のものか

を必ず確認します。また間違いやすい点として、地区区分の判定があります。地区区分の記号の例示が黒塗りや斜線が入っているものがありますが、これらは地区区分そのものには影響はありません。説明にもあるとおり道路沿いのみ適用されるかなどの判定のためになりますので、この黒塗り等に関係なく、記号の形で判断するようにしてください。例えば円形であれば黒塗りがされているかに関係なく「普通商業・併用住宅地区」、楕円形であれば「高度商業地区」となります。

## (2) 評価倍率表

評価倍率表は、市区町村ごとに町（丁目）または大字名が五十音順に記載され、その右側にさらに細かな適用地域名が記載されています。そのため、倍率方式の場合であっても、具体的な場所の確認は必要になります。評価倍率の欄は地目によって分かれており、固定資産税評価額に対して該当する地目の倍率を乗じて評価額の計算を行います。この地目は、あくまで現況地目ですので、登記地目を使わないように注意しましょう。固定資産税評価額を基準に行うため、通常は固定資産税の課税地目を使いますので、例えば登記地目が山林、現況地目が宅地で固定資産税が課せられている場合には、宅地の倍率を使用して計算します。

第3章　財産の確定　　145

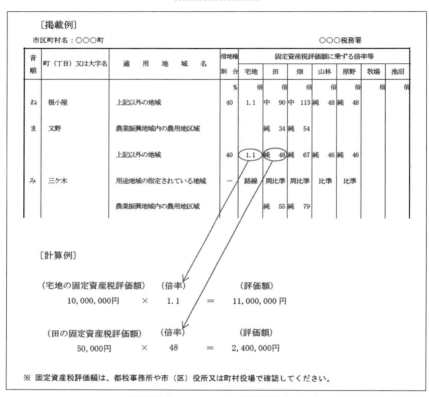

(国税庁ホームページ：評価倍率表（一般の土地等用）の説明）

## (3) 路線価方式における評価の概要

　市街地においては基本的に路線価方式により評価し、その他の地域は倍率方式による評価となります。倍率方式の場合は、比較的簡単に評価を行うことができますが、路線価方式の場合は、ここからさらに個別の評価に際して確認する必要があります。

　財産評価の大原則は、他の財産にも共通していえますが、第三者との取引を行う場合にいくらで取引されるかという時価の考え方です。路線価方式によっ

た場合、同じ路線に面しているとしても、当然同じ評価にはなりません。土地は全く同じというものが存在せず、同じ路線でも形状の違いや距離の差、地形や周りの環境など様々です。

　路線価を考える上で最も重要な論点は「道路」です。市街地においては、道路が非常に重要で都市計画の観点や防災上の観点から無秩序に建物を建てることが法律上規制されています。建物を建てる際には「接道義務」があり道路に面しているか、面している道路の幅員がどのくらいあるかという点などにより建築可否やどの程度の建物を建てられるかなどに影響があります。建築に制限がかかる土地であれば、他の制限がかからない土地に比べて価値は劣ります。

　実際の売買でもこのように差が生じるということは、税務の評価においても差が生じる可能性があります。このように何か制限等がかかるのか、他の土地と比べて価値が下がる可能性があるのかなどを検討することが路線価方式の重要なポイントになります。その中で最も重要な道路について、まず確認をすることが必要です。

## 14　建築基準法上の道路

　都市計画区域および準都市計画区域内においては、原則として、建築物の敷地は、道路に2メートル以上接しなければならないとされています（建築基準法43）。そのため、この道路が非常に重要になります。この道路もどのようなものでもよいというわけではなく、あくまで法律に規定される道路となります。道路については、建築基準法42条に規定されていますが、この42条はよく出てくる条文になりますので、是非覚えてください。建築基準法で規定されている各道路の内容は以下のとおりとなります。

第3章　財産の確定　147

## 【建築基準法で規定されている道路】

| 道路等の名称 | 概要 |
|---|---|
| 1項1号道路<br>（認定道路） | 道路法による道路で幅員4m以上のもの（一般国道、県道および市道等のいわゆる公道） |
| 1項2号道路<br>（開発道路） | 都市計画法、土地区画整理法、旧宅地造成事業に関する法律等の法令により許認可を受けて築造された道路で幅員が4m以上のもの |
| 1項3号道路<br>（既存道路） | 基準時（建築基準法施行時）に現に存在し、一般通行されていた幅員4m以上の道 |
| 1項4号道路<br>（計画道路） | 道路法、都市計画法、土地区画整理法等の法令により築造予定の道路で、2年以内にその事業が執行される予定のものとして特定行政庁が指定したもの |
| 1項5号道路<br>（位置指定道路） | 土地を建築物の敷地として利用するために築造する幅員4m以上の道で、これを築造しようとする者が特定行政庁からその位置の指定を受けたもの |
| 2項道路 | 基準時（建築基準法施行時）に建築物が立ち並んでいる幅員4m未満の道 |
| 法43条1項ただし書の許可を要する道路状空地 | 道路に2メートル以上接していないが、その敷地の周囲に広い空地を有する建築物その他の国土交通省令で定める基準に適合する建築物で、特定行政庁が交通上、安全上、防火上および衛生上支障がないと認めて建築審査会の同意を得て許可したもの |

　これらのいずれかに該当して接道義務を満たしていないと原則として建物を建てることができないため、まず所有している土地について、道路に面しているか、そして、その道路がどれに該当するかを確認します。道路のように見えたとしても、建築基準法で規定されている道路に該当しなければそれは無道路地という扱いになります。

　この道路の種類の確認（よく「道路種別の確認」といいます）は、不動産の所在している市区町村の役所にある建築指導課などの建築関係を扱う部署で行うことができます。道路種別の確認なので、道路課などの道路関係の部署と思いがちですが、あくまで建築許可の関係の接道義務を確認するということから建築関係の部署が担当しています。確認するにあたって特に費用はかかりません。また、最近ではインターネットで公開している市区町村もありますので、訪問する前に一度ホームページ等を確認するとよいでしょう。

## (1) 2項道路

　土地の評価をする上で比較的よく出てくるのがこの2項道路になります。建築基準法上の道路において、42条2項の道路は、道路という名前にはなっていますが、建築基準法42条1項に規定されている道路ではなく、法律上の扱いは「1項の道路とみなす」とされています。

　現状の建築基準法では、原則として1項のいずれかの「道路」に接道していないと建築が認められません。しかし、法律施行当時にすでに建物が存在している場合は、それらを強制的に取り壊して道路を広げるということはもちろんできません。また、2項道路に面した土地に建物を新たに建築する際に、道路に面していないということで建築許可が下りなければ建替えをすることもできなくなってしまいます。そのため、今後建替えをする際などに、原則として道路の中心線から2メートル後退した線を道路の境界線とみなすことにより建築許可を行い、将来該当する2項道路のすべてが4メートルになるように、道路幅員を広げています。

　このように中心線から2メートルになるように後退することをセットバックといいます。土地の評価にあたっては、将来セットバックが必要になる場合は、自分の土地であってもその部分は道路として使われてしまうため、実際に自分の土地として利用できる部分は減ってしまうことになります。そのため、このセットバックの対象となる部分の地積に相当する部分は7割減額をして評価を行います。

## (2) 道路に関する図面の取得

　セットバックが必要になる場合は、評価が減額されますが、その後退する地積をどのように算出するかが実務的な論点になります。実際に新たに建物を建てる際には、建築許可を得る必要があるため、その土地が所在する市区町村の建築指導課などでどの部分まで下がらなければならないというような協議を行うことになります。

　現在の道路と所有している土地の境界、セットバックにより新たに道路に提供する線の境界をきちんと決める必要があるため、建替え等を実際に行わない

第3章　財産の確定　*149*

にもかかわらずこれを役所と協議することは現実的ではありません。財産評価の場面においては、各種図面等からおおよそ後退しなければならない地積を割り出して計算することでほぼ問題ありませんので、それらを裏づけるための資料をできるだけ集められるかがポイントになります。

　道路関係の図面で入手できるものとしては、主に以下のものがあります。

> ・道路台帳平面図
> ・境界確定図、境界図
> ・位置指定道路図

　これらの図面などから、接道している道路の幅員等を確認してセットバック地積を求めていきます。2項道路を実際に歩いていると評価対象地の反対側の土地や隣地でセットバックをしている場合があります。このような場合には、すでにセットバックをしている土地の図面を入手することにより、評価対象地の後退すべき境界線の見当がつけやすくなりますので、近くの図面もあわせて入手します。これらの図面も市区町村、都道府県、国（以下「市区町村等」）の役所で入手することができます。

　位置指定道路図は、先ほどの建築基準法の関係になりますので、建築指導課等で取得します。道路台帳や境界確定図については、その道路を管轄する市区町村等の道路管理課等で入手できます。近年では、道路台帳についてはその道路を管理している市区町村等のホームページで公開されていることも増えてきましたので、こちらもあわせて確認するとよいでしょう。

道路台帳

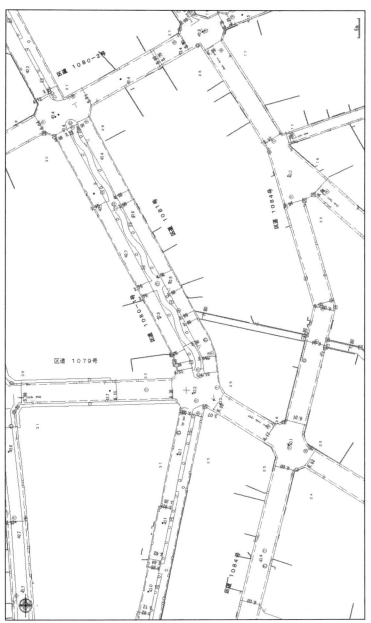

(杉並区ホームページ)

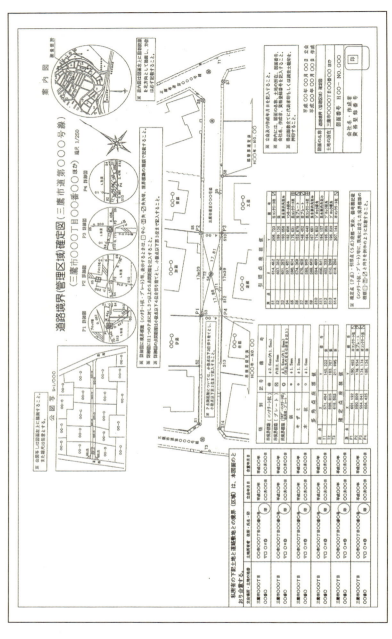

## 15 その他の図面の取得

　今まで見てきた図面の他、役所で取得した方がよいものとして、開発登録簿と建築計画概要書があります。

　開発登録簿は開発許可を受けた土地の許可内容をまとめたものになります。調書部分と土地利用計画図という図面で構成されています。戸建分譲の宅地開発や大規模なマンション等の開発などの際に開発許可がされたものについては、それらの図面が評価の際に役立つこともあります。

　建築計画概要書は、建築確認申請の際提出される書類で、建築計画の概略が記載された図書になります。建築主・代理者・設計者・工事監理者・工事施工者の氏名、住所、敷地面積、床面積、構造、高さ、階数等の建築物の概要、および案内図、配置図が記されています。

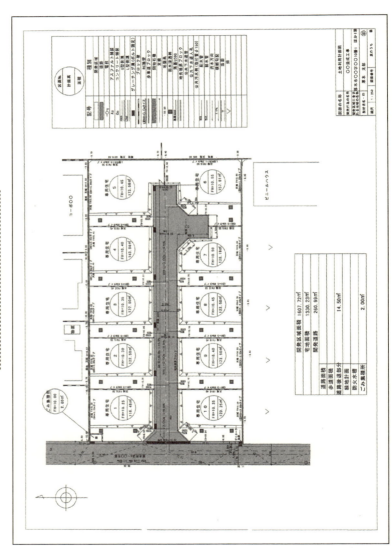

**建築計画概要書**

第三号様式（第一条の三、第六条の三、第十一条の四関係）（A4）

建築計画概要書（第一面）

【記入例】

【1. 建築主】
[イ. 氏名のフリガナ] キョウト イチロウ
[ロ. 氏名] 京都 一郎
[ハ. 住所] 京都市◯◯区◯◯町◯◯番地

【2. 代理者】
[イ. 資格] （ 一級 ） 建築士 （ 大臣 ） 登録第 ◯◯◯◯◯ 号
[ロ. 氏名] ◯◯ 二郎
[ハ. 建築士事務所名] （ 京都府 ） 知事 登録第 ◯◯◯◯◯ 号
　◯◯建築士事務所
[ニ. 郵便番号] ◯◯◯-◯◯◯◯
[ホ. 所在地] 京都市◯◯区◯◯町◯◯番地◯◯
[ヘ. 電話番号] ◯◯◯-◯◯◯-◯◯◯◯

【3. 設計者】
（代表となる設計者）
[イ. 資格] （ 一級 ） 建築士 （ 大臣 ） 登録第 ◯◯◯◯◯ 号
[ロ. 氏名] ◯◯ 三郎
[ハ. 建築士事務所名] （ 京都府 ） 知事 登録第 ◯◯◯◯◯ 号
　◯◯設計事務所
[ニ. 郵便番号] ◯◯◯-◯◯◯◯
[ホ. 所在地] 京都市◯◯区◯◯町◯◯番地◯◯
[ヘ. 電話番号] ◯◯◯-◯◯◯-◯◯◯◯
[ト. 作成又は確認した設計図書] 意匠図・構造設計

（その他の設計者）
[イ. 資格] （ 一級 ） 建築士 （ ） 登録第 号
[ロ. 氏名]
[ハ. 建築士事務所名] （ ） 登録第 号

[ニ. 郵便番号]
[ホ. 所在地]
[ヘ. 電話番号]
[ト. 作成又は確認した設計図書]

[イ. 資格] （ 一級 ） 建築士 （ ） 登録第 号
[ロ. 氏名]
[ハ. 建築士事務所名] （ ） 知事 登録第 号

[ニ. 郵便番号]
[ホ. 所在地]
[ヘ. 電話番号]
[ト. 作成又は確認した設計図書]

（構造設計一級建築士又は設備設計一級建築士である旨の表示をした者）
上記の設計者のうち、

☑建築士法第20条の2第1項の表示をした者
[イ. 氏名] ◯◯ 五郎
[ロ. 資格] 構造設計一級建築士 ◯◯◯◯ 号
□建築士法第20条の3第1項の表示をした者
[イ. 氏名]
[ロ. 資格] 設備設計一級建築士 号

□建築士法第20条の2第1項の表示をした者
[イ. 氏名]
[ロ. 資格] 構造設計一級建築士 号
□建築士法第20条の3第1項の表示をした者
[イ. 氏名]
[ロ. 資格] 設備設計一級建築士 号

【4. 工事監理者】
（代表となる工事監理者の設計に関し意見を聴いた者）
[イ. 氏名] ◯◯ 六郎
[ロ. 勤務先] ◯◯事務所 エンジニア部
[ハ. 郵便番号] ◯◯◯-◯◯◯◯
[ニ. 所在地] 京都市◯◯区◯◯町◯◯番地◯◯
[ホ. 電話番号] ◯◯◯-◯◯◯-◯◯◯◯
[ト. 意見を聴いた設計図書等] 確認申請書の添付図書

（その他の工事監理者の設計に関し意見を聴いた者）
[イ. 氏名]
[ロ. 勤務先]
[ハ. 所在地]
[ニ. 電話番号]
[ホ. 登録番号]
[ト. 意見を聴いた設計図書等]

[イ. 氏名]
[ロ. 勤務先]
[ハ. 所在地]
[ニ. 電話番号]
[ホ. 登録番号]
[ト. 意見を聴いた設計図書等]

# 建築計画概要書（第二面）

## 建築物及びその敷地に関する事項

1. 地名地番
   【イ. 敷地の位置】京都市○○区○○町○○番地○○

2. 住居表示
   【ロ. 住居表示】京都市○○区○○町○○番○○号

3. 都市計画区域及び準都市計画区域の内外の別
   【イ. 都市計画区域内 □市街化区域 □市街化調整区域 □区域区分非設定 □準都市計画区域内 □都市計画区域及び準都市計画区域外】
   【ロ. 防火地域内 □防火地域 ☑準防火地域 □指定なし】

4. 防火地域 □防火地域 ☑準防火地域 □指定なし

5. その他の区域、地域、地区又は街区

6. 道路
   【イ. 幅員】6.00m 【ロ. 敷地と接している部分の長さ】16.000m

   ※幅員が4m未満の場合は、みなし道路の境界線の位置から道路に関する規定を適用すべき線までの後退距離を記入。ただし、幅員4.000mと記入。

7. 敷地面積
   【イ. 用途地域】第一種住居地域 工業地域
   （1）100.00㎡（60.00㎡）（　）（　）
   （2）160.00㎡
   【ロ. 建蔽率】敷地面積×第1項及び第2項の規定による建蔽率 240.00%
   【ハ. 建築面積の敷地面積に対する割合（建蔽率）】60.00%（1）100.00㎡（60.00㎡）
   【ニ. 延べ面積の敷地面積に対する割合（容積率）】70.05%
   ※道路に接する部分の長さを区域ごとに記入。
   ※道路幅員と前面道路による容積率の低い方を区域ごとに記入。

8. 主要用途【区分 09440 物品販売店舗】

9. 工事種別 ☑新築 □増築 □改築 □移転 □用途変更 □大規模の修繕 □大規模の模様替

10. 建築面積 【申請部分】108.00㎡【申請以外の部分】0.00㎡【合計】108.00㎡
    ※最高高さの欄を記入。

11. 延べ面積 【申請部分】300.00㎡【申請以外の部分】0.00㎡【合計】300.00㎡
    【イ. 建築物全体】300.00㎡
    【ロ. 地階の住宅部分】20.00㎡【申請部分】20.00㎡（　）（　）20.00㎡
    【ハ. 自動車車庫等の部分】
    【ニ. 住宅の部分】
    【ホ. エレベーター昇降路の部分】
    【ヘ. 共同住宅の共用の廊下等の部分】
    【ト. 延べ面積の合計】280.00㎡

12. 建築物の数
    【イ. 申請に係る建築物の数 1】
    【ロ. 同一敷地内の他の建築物の数 0】
    ※緩和前後の値を記入。

13. 建築物の高さ等
    【イ. 最高の高さ】10.00m
    【ロ. 階数】地上 3 地下 1
    【ハ. 構造】鉄骨鉄筋コンクリート造 一部 □木造 □鉄骨造
    【ニ. 建築基準法第56条第7項の規定による特例の適用の有無】☑有 □無

---

【イ. 氏名】
【ロ. 資格】（　　）建築士（　　）登録第　　　号
【ハ. 建築士事務所名】（　　）建築士事務所（　　）知事登録第　　　号
【ニ. 郵便番号】
【ホ. 所在地】
【ヘ. 電話番号】
【ト. 作成した設計図書】

### 5. 工事監理者
（代表となる工事監理者）
【イ. 資格】（ 一級 ）建築士（ 大臣 ）登録第 ○○○○○ 号
【ロ. 氏名】○○ 三郎
【ハ. 建築士事務所名】（ 一級 ）建築士事務所（ 京都府 ）知事登録第 ○○○○○ 号
　○○設計事務所
【ニ. 郵便番号】○○○-○○○○
【ホ. 所在地】京都市○○区○○町○○番地○○
【ヘ. 電話番号】○○○-○○○○-○○○○
【ト. 工事と照合する設計図書】建築確認申請図書一式

（その他の工事監理者）
【イ. 資格】（　　）建築士（　　）登録第　　　号
【ロ. 氏名】
【ハ. 建築士事務所名】（　　）建築士事務所（　　）知事登録第　　　号
【ニ. 郵便番号】
【ホ. 所在地】
【ヘ. 電話番号】
【ト. 工事と照合する設計図書】

### 6. 工事施工者
【イ. 氏名】（代表取締役 ○○ 七郎）
【ロ. 建設業の許可（ 京都府 ）知事又は（　）大臣
　○○建設株式会社 京都支店
　（○○ ）第 ○○号
【ハ. 郵便番号】○○○-○○○○
【ニ. 所在地】京都市○○区○○町○○番地○○
【ホ. 電話番号】○○○-○○○-○○○○

### 7. 【備考】宅地建物の売主又は工事名
（マンション）○○○○マンションコスケ
（仮称）○○新築工事

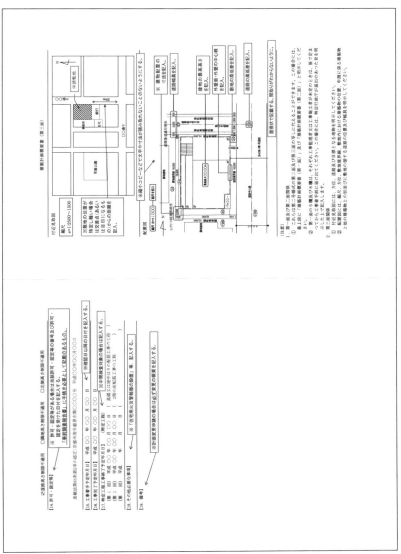

(京都市ホームページ)

第3章 財産の確定 157

建築計画概要書には、その建物に関する情報が網羅されており、また図面もあることから、道路に関する情報も入手できますので、セットバックに関する情報も確認することができます。

これらの各種図面の他、建物を取得した際の図面や過去に測量をした際の図面が自宅に残されていることもあります。過去の不動産に関する資料がある場合には、是非確認してください。

## 16　都市計画関連の情報

不動産の評価を行う上で、先ほどのセットバックの取扱いのように、同じ路線、距離、形状をしていたとしても、その不動産に個別的な要素があれば、市場価値に影響を及ぼすことがあります。評価においても当然それらは考慮する必要があります。特に市街地においては、その不動産の利用価値が非常に重要で建築に制限がかかる場合は、通常評価が減額されます。

都市計画関連の情報も評価に関連することがありますので、これらに関する資料も取得する必要があります。特に確認した方がよいのは、建ぺい率や容積率、都市計画道路の予定、土地区画整理事業の有無などになります。

相続の場面においては、今後の土地活用の問題や遺産分割の際に不動産をどのように取得するのがよいのかなどもあわせて考える必要があります。土地の遺産分割をする際に、机上の計算で平等になるようにしたとしても、実際に建物を建てて有効利用できるか、平等にさせるためだけに小さい土地でも2つに分けて相続させて問題ないかなど、その後の利用や売却時に価値が下がらないようにさせる必要があるためです。その時に見ておく必要があるのが、建ぺい率や容積率になります。土地の敷地面積に対する建築面積の割合が建ぺい率、敷地面積に対する建築延べ床面積の割合が容積率となります。それぞれ都市計画に定められた建ぺい率や容積率以内で原則的には建物が建築されるため、この数字の大きさにより、住宅であれば一般的にどのくらいの面積が有効活用できそうかなどの参考にすることができます。このあたりは建築業者や不動産業者などに最終確認をする必要がありますが、知っておいた方がよいでしょう。

これらの情報は都市計画図に記載されており、通常計画図に丸囲みで3段の記載がありますが、上段が用途地域、中段が容積率、下段が建ぺい率となります。この計画図は市区町村等の役所で取得することができます。このうち容積率については、「容積率の異なる2以上の地域にわたる宅地」に該当するか否かで評価に影響もありますので、特に容積率の確認は重要です。

　もう1つの図面が、都市計画情報となります。この都市計画情報も同様に市区町村等の役所で取得することができ、市区町村等によって資料は異なりますが、サンプルの東京都世田谷区の場合は、このように図面と該当する場所を指定すると、都市計画関連の情報から、都市計画道路の対象の有無、土地区画整理事業の対象地かどうかなど詳細がわかるようになっています。これらの情報を入手できる窓口や、最近では自治体のホームページからも入手できますので、評価に必要な資料を集めます。

第3章　財産の確定　*159*

**都市計画図**

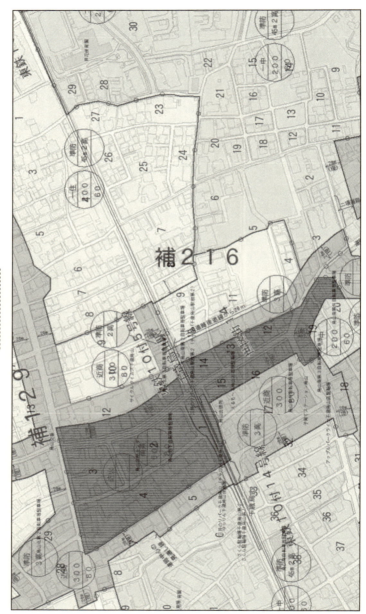

(世田谷区ホームページ「せたがや i-map」より抜粋)

**都市計画情報**

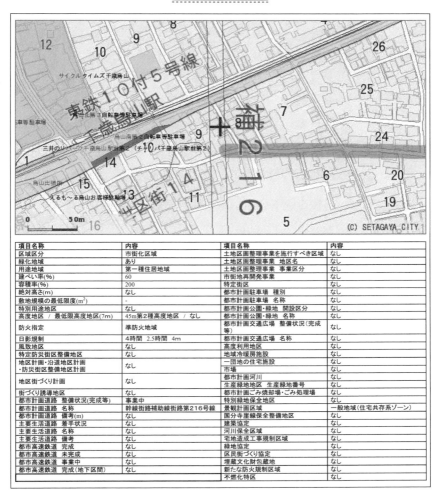

(世田谷区ホームページ「せたがや i-map」より抜粋)

## 17　現地確認の方法

ここまでで不動産の評価にあたっての資料収集で特殊なケースを除き、集め

第3章　財産の確定　161

るべき資料は網羅できました。しかし、資料を集めて終わりではなく、不動産の評価にあたっては、現地を見に行くことが必要です。図面には表れない内容や入手した資料と現況が異なることもあります。現地調査では、実際に評価対象地や面している道路幅員を測ったり、不動産の利用状況がどのようになっているか、周りの不動産と比べて特殊要因がないかなどを確認します。また、建物が密集している場合などは、どこからが対象地かわからないこともありますので、境界確定が済んでいる土地であれば、境界標も確認しながら、現地の確認をします。

## 18 現地確認からわかることが多い論点

### (1) 利用価値が著しく低下している宅地の評価

　現地確認をした際に比較的多くあるのがこの評価の論点です。その中でも多くあるのが、高低差があるケースと忌地が近隣にあるケースです。この「利用価値が著しく低下している宅地の評価」については、国税庁のタックスアンサーにて例示が公表されており、該当する場合に10％の評価減額を受けることができます。

　地図等の資料でわかることもありますが、やはりこれらについては、実際に現地確認を行うことで、実勢価格の感覚をつかむことができます。同じ路線に面していても、評価対象地については、他の土地と比べて実際の売買の際には価格が下がる要因があるかどうかという観点で考えます。そのため、タックスアンサーのただし書きにもあるとおり、すでに路線価等にその内容が織り込まれて設定されているようであれば当然対象になりません。

　「図1」の住宅地のケースでは、評価対象地は面している路線から自宅に入るまでに高低差があり、階段等を設けて出入りしなければならず、不便を要するとともに階段部分は土地の有効活用もできない土地になっています。このような場合に、その高低差が著しいとされれば通常の路線価評価と比べて10％の評価減額がかけられることになります。

　しかし、このようなケースで必ず確認しなければならないのが、同じ路線の

状況と周りの路線の状況です。この例であれば同じ路線に面している宅地はすべて高低差がある土地になります。また、一本隣の路線の路線価をみると、評価対象地と比べて1割路線価が高くなっています。この場合、路線価の設定の時点で評価対象地の路線は他の路線よりも実勢価格にあわせて評価が低くなるように設定がされているため、著しい高低差があったとしても、無条件で評価減額が起きることはないことになります。では、「図2」の場合はどうでしょうか？　この場合は、同じ路線で路線の北側の宅地と南側の宅地で同じ路線に面しており、路線価も同じになります。しかし、実際には、対象地の方が宅地の有効利用面積や造成費、建設コスト等を考えると、買い手としては、同じ値段であれば南側の宅地を選ぶ可能性が高くなります。よって、この場合には評価対象地は減額される可能性があることになります。高低差を例にしましたが、現地調査をした際に、このような減額要因の有無を目で見て確認することが必要です。

＜国税庁　タックスアンサー＞
No.4617　利用価値が著しく低下している宅地の評価
　次のようにその利用価値が付近にある他の宅地の利用状況からみて、著しく低下していると認められるものの価額は、その宅地について利用価値が低下していないものとして評価した場合の価額から、利用価値が低下していると認められる部分の面積に対応する価額に10％を乗じて計算した金額を控除した価額によって評価することができます。

1　道路より高い位置にある宅地又は低い位置にある宅地で、その付近にある宅地に比べて著しく高低差のあるもの
2　地盤に甚だしい凹凸のある宅地
3　震動の甚だしい宅地
4　1から3までの宅地以外の宅地で、騒音、日照阻害（建築基準法第56条の2に定める日影時間を超える時間の日照阻害のあるものとします。）、臭気、忌み等により、その取引金額に影響を受けると認められるもの

　また、宅地比準方式によって評価する農地又は山林について、その農地又は山林を宅地に転用する場合において、造成費を投下してもなお宅地としての利用価値が付近にある他の宅地の利用状況からみて著しく低下していると認められる部分を有するものについても同様です。

> ただし、路線価又は固定資産税評価額又は倍率が、利用価値の著しく低下している状況を考慮して付されている場合にはしんしゃくしません。

**【著しい高低差がある場合　図1】**

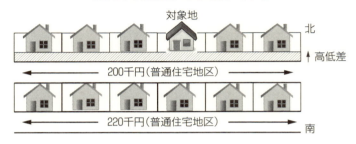

**【著しい高低差がある場合　図2】**

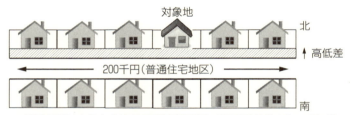

※付近の同じような住宅地の路線価は概ね200千円前後となっている。

　高低差に関しては、等高線図等により確認しますが、対象地の細かな高低差まではなかなかこれでは確認することが難しいと思います。等高線図以外には、国土地理院のホームページにある地理院地図（https://maps.gsi.go.jp）が参考になります。地理院地図の良いところは、地図で対象地を選択すると標高が表示されます。例えば面している道路の標高と評価対象地の標高を見比べることにより高低差を比べることができますので、これも参考にしてください。

　この例示では、高低差があるものをとりあげましたが、お墓などの忌地がある場合や騒音、臭気などが激しい場合なども同様の考え方になりますので、同じ路線と付近の状況を見るようにしてください。

## (2) 敷地の一部が道路になっている場合

　土地は利用単位ではなく筆単位で管理されているため、1つの筆であっても

そのすべてが例えば宅地に利用されているかどうかはわかりません。図面でわかる部分も多いですが、現況がどのようになっているかはやはり実際に見て確認することが必要です。

　多くあるのが、筆は1つになっているが、一部道路として使われているというパターンです。セットバックの際も同様ですが、道路として利用されている部分について筆を分けなければならないということはありません。そのため、筆が1つのまま、必要部分は道路として利用され、残りを宅地としている場合があります。

　例示の公図で、例えば1608-21を所有している場合、住宅地図等と照らし合わせながらですが、1608-1が途中で狭くなっていることから、おそらく一部は道路として利用されているか、もしくは、今後セットバックしなければならないかの2つの可能性がでてきます。住宅地図を見たり現地に行くことにより、このあたりはすぐに判明します。隣の地番1608-46は1608-45と分筆されているように見られますので、隣地はおそらく分筆をして道路部分と分けている可能性が高いですが、対象地の1608-21は特にそれをしていないということになります。

　どこまでが道路かどうかを確認する際は、隣地の登記情報等を確認することも有効な手段ですので、これらの地目が「公衆用道路」になっているかも確認するとよいでしょう。一方で逆側の隣地から下方向の土地はすべて分筆をしていません。セットバックがまだ済んでいないのか、分筆せずに道路利用されているのかなどを確認することになります。慣れてくると図面でかなりの部分がわかってくるようになりますが、最初はなかなか図面から現地の情景が浮かびにくいと思いますので、現地と見比べる回数を増やして経験を積むことが重要です。

　なお、道路利用されている場合は、その内容が固定資産税の課税で考慮されていることもよくあります。固定資産税の課税で一部が「非課税地積」として扱われている場合は公衆用道路に利用されている可能性が高いので他の資料や隣地の情報など様々なアプローチから確認することをお勧めします。

第3章　財産の確定　　165

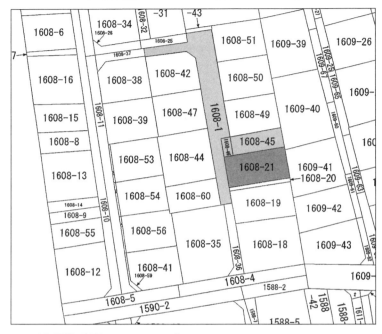

【一部道路になっている場合の公図の例】

## (3) その他現地確認によるべき点

　高低差などの特殊要因や道路の状況の他、送電線などが上空にある場合の地役権設定による評価減額の可能性がわかる場合や、貸駐車場で使われている場合のアスファルトなどの構築物の有無の確認、同じ筆の中で評価単位を分けて評価をすべき場合の判断など、最終的に評価をするにあたって、現地確認は欠かせません。

　また、実際に現地調査をたくさん行うことにより図面などの資料から読み取れる情報も増えてきますので、できるだけすべての不動産を見ることを勧めています。しかし、遠方で見に行くことが難しいなど見に行くことができない場合もあると思います。そのような場合は、航空写真やストリートビューで確認するなど、現地の状況がわかるものを少しでも集めて、現地確認に近い状況を作るとよいでしょう。

## 19　小規模宅地等の特例

　不動産の論点の中で最も重要な論点の１つがこの小規模宅地等の特例です。宅地等の評価が最大80％減額されることから、この適用可否は相続税額にも大きな影響を及ぼします。この制度の趣旨は、居住や事業に使用しており、実際に換金することを予定していないような宅地等について、今後の生活や事業を行っていく上で、相続税を納税するために売却しなければならないという事態を避けることにあります。そのため、制度趣旨を理解しながら、適用要件を確認することが必要です。また内容ごとに申告書に添付しなければならない書類等が規定されていますので、申告の際には漏れがないようにしましょう。

　多くの相続の中で該当する可能性が高いものとして、【図表①】の⑥特定居住用宅地等と⑤貸付事業用宅地等の２つがあります。特定居住用宅地等は主に被相続人の居住用の宅地等、貸付事業用宅地等は賃貸マンションやアパート・貸駐車場などの宅地等に適用されます。該当する人が多いこの２つの内容は特に押さえておくべき論点となります。本書では、この制度そのものについては、基本的に深く触れませんが、制度の考え方と確認すべき資料等について、順番に説明していきます。

第3章　財産の確定　　167

**【図表①　小規模宅地等の特例の種類と限度面積、減額される割合】**

| 相続開始の直前における宅地等の利用区分 | | | 要　件 | | 限度面積 | 減額される割合 |
|---|---|---|---|---|---|---|
| 被相続人等の事業の用に供されていた宅地等 | 貸付事業以外の事業用の宅地等 | | ① | 特定事業用宅地等に該当する宅地等 | 400m² | 80％ |
| | 貸付事業用の宅地等 | 一定の法人に貸し付けられ、その法人の事業（貸付事業を除きます。）用の宅地等 | ② | 特定同族会社事業用宅地等に該当する宅地等 | 400m² | 80％ |
| | | | ③ | 貸付事業用宅地等に該当する宅地等 | 200m² | 50％ |
| | | 一定の法人に貸し付けられ、その法人の貸付事業用の宅地等 | ④ | 貸付事業用宅地等に該当する宅地等 | 200m² | 50％ |
| | | 被相続人等の貸付事業用の宅地等 | ⑤ | 貸付事業用宅地等に該当する宅地等 | 200m² | 50％ |
| 被相続人等の居住の用に供されていた宅地等 | | | ⑥ | 特定居住用宅地等に該当する宅地等 | 330m² | 80％ |

（出典：国税庁「令和6年分用　相続税の申告のしかた」）

## 【図表② 特定居住用宅地等の要件】

| 区分 | | | 特例の適用要件 | |
|---|---|---|---|---|
| | | | 取得者 | 取得者ごとの要件 |
| ① | 被相続人の居住の用に供されていた宅地等 | 1 | 被相続人の配偶者 | 「取得者ごとの要件」はありません。 |
| | | 2 | 被相続人の居住の用に供されていた一棟の建物に居住していた親族 | 相続開始の直前から相続税の申告期限まで引き続きその建物に居住し、かつ、その宅地等を相続開始時から相続税の申告期限まで有していること |
| | | 3 | 上記1及び2以外の親族 | 次の（1）から（6）の要件を全て満たすこと（一定の経過措置があります）<br>（1） 居住制限納税義務者又は非居住制限納税義務者のうち日本国籍を有しない者ではないこと<br>（2） 被相続人の配偶者がいないこと<br>（3） 相続開始の直前において被相続人の居住の用に供されていた家屋に居住していた被相続人の相続人（相続の放棄があった場合には、その放棄がなかったものとした場合の相続人）がいないこと<br>（4） 相続開始前3年以内に日本国内にある取得者、取得者の配偶者、取得者の三親等内の親族又は取得者と特別の関係がある一定の法人が所有する家屋（相続開始の直前において被相続人の居住の用に供されていた家屋を除きます。）に居住したことがないこと<br>（5） 相続開始時に、取得者が居住している家屋を相続開始前のいずれの時においても所有していたことがないこと<br>（6） その宅地等を相続開始時から相続税の申告期限まで有していること |
| ② | 被相続人と生計を一にしていた被相続人の親族の居住の用に供されていた宅地等 | 1 | 被相続人の配偶者 | 「取得者ごとの要件」はありません。 |
| | | 2 | 被相続人と生計を一にしていた親族 | 相続開始前から相続税の申告期限まで引き続きその家屋に居住し、かつ、その宅地等を相続税の申告期限まで有していること |

（出典：国税庁「令和6年分用　相続税の申告のしかた」筆者一部改）

## （1）特定居住用宅地等

　この規定で該当する可能性が高いのは、被相続人が最後に居住していた居住用の宅地等になります。つまり、自己所有の不動産に居住していた人は、基本

第3章　財産の確定　**169**

的に該当する可能性があります。

　まず確認すべきは、被相続人の居住実態です。被相続人が実際にその所有している不動産に居住していなかったとすれば、そもそもこの大前提が崩れてしまいます。次に、その宅地等を相続または遺贈により取得する親族の条件に入ります。【図表②】の被相続人の居住の用に供されていた宅地等にある取得者と取得者ごとの要件を上から確認すると、①1の配偶者は全く要件がないため配偶者が取得する場合には問題はありません。次に、①2の同居している親族です。ここでは同居の実態があるかどうかがポイントとなります。この制度を知っている人は、安易に住民票だけ異動して同居と考えられないかと思いがちですが、税務上の判断は実態判断になります。居住実態に関しては、被相続人よりも相続人などの財産を取得する親族が問題になることが多くあります。先ほど述べたとおり、住民票が一緒になっているからという理由だけで同居していますという回答をいただくこともあるため、きちんと確認する必要があります。実際の寝食の場所であったり、対外的に住所と伝える場所、郵便物の届く場所など総合的に検討して居住実態の有無を確認する必要があります。これらの他、公共料金の引落額や使用量などを比較することなども行います。

　最後に、①3にある1、2以外の親族が取得する場合です。この要件が非常にわかりづらいのですが、制度の趣旨のイメージとしては、地方に実家がある子が就職のタイミングで東京に出てきて、将来実家に帰ろうと考えていた子を保護するものになります。被相続人である親が亡くなる前に子がリタイアして実家に戻っていれば同居親族となるため、①2の要件を満たし、先祖代々所有している実家を売却しなくても相続税の心配が軽減されることになります。これが不幸にもリタイアする前に親が亡くなってしまったら、先祖代々の実家を手放さなければ相続税が支払えないこととなり、それは酷ではないかと考えてもらえればよいかと思います。そのため、前提としては、相続の直前において被相続人の配偶者やその家屋に居住していた相続人がいないことが挙げられます。この前提により、他に引き継ぐ人がいないかどうか、引き継ぐ人がいなければ先祖代々の不動産をその東京に来ている子供が引き継がざるを得ないので

はないかということになります。次に、その引き継ぐべき人が、その実家を今後も守っていかなければならないかどうかという判定に入っていきます。では、この判定をどのようにしているかというと、その取得者、取得者の配偶者、取得者の３親等内の親族など一定の関係性がある人が所有する家屋に相続開始前３年以内に居住していたことがない、つまりそれらの人が持ち家に住んだことがあるかどうかで判定します。持ち家を持っているということは、将来実家に戻るつもりがないだろうということで一定の線引きをしているのです。この規定は３年以内に限っていることから、取得者が居住している家屋をそのまま居住しながら親族等に所有者のみ変更して規定を満たそうという人も出てきてしまうため、過去に一度でもその家屋を所有していた場合は対象外となります。

　このように要件を理解した上で確認すべきポイントとしては、被相続人の居住用家屋に誰が住んでいるか、取得者が住んでいる家屋を誰が所有しているか、その関係性はどのようになっているか、過去に所有していたことがないかということになります。確認の際には、不動産に関することですので、不動産の登記簿謄本を見て現在から過去まで所有者が誰になっているかを確認する必要があります。

　また、被相続人の居住用の考え方ですが、亡くなる直前においては入院している場合や老人ホームに入っている場合もあります。入院については、基本的にそれは住居ではなく、入院する事由が解消されれば、自宅に戻る前提ですので、一時的な生活場所ということで元々居住していた自宅が被相続人の居住用の不動産ということになります。一方、老人ホームについてはどうでしょうか。老人ホームはそこで寝食を行い、元々居住していた自宅には実際には帰ることはほとんどありません。そのため、どちらが被相続人の居住場所かという問題が生じます。そもそも自宅で介護がきちんとできる状態であれば、特にご高齢の方は、今まで住み慣れた家を離れることには抵抗があり、望んで老人ホームに入居する人は少ないと思います。しかし、実際には老人ホームに入居せざるを得ない場合が多くあります。そのため、相続開始の直前において要介護認定や要支援認定などを受けており、一定の老人ホームに入居している場合は、

第３章　財産の確定　171

元々居住していた家屋に住み続けていたとみなして制度の適用を受けることができます。もちろん、これは元々居住していた家屋に介護状況が改善されればいつでも戻って元の生活ができるということを想定していますので、元々居住していた家屋を賃貸したりしていれば当然特例の適用はありません。

　このような内容を確認するため、元々居住していた家屋の利用状況、要介護認定や要支援認定などを受けているか、入居している老人ホームが対象となる施設かどうかを確認します。要介護認定等の確認の際には介護保険被保険者証等を見ますが、介護認定等には有効期間が定められており、この期間内における相続であることが必要ですので、有効期間も必ず確認するようにしましょう。

（出典：道志村ホームページ）

## 介護保険被保険者証

**（一）**

介護保険被保険者証

| 被保険者 | 番　号 | |
| --- | --- | --- |
| | 住　所 | |
| | フリガナ | |
| | 氏　名 | |
| | 生年月日 | 性別 |

支付年月日

保険者番号並びに保険者の名称及び印

| 1 | 9 | 4 | 2 | 5 |
| --- | --- | --- | --- | --- |

山梨県南都留郡道志村
6181-1
道　志　村
電話 0554-52-2111

**（二）**

| 要介護状態区分等 | |
| --- | --- |
| 認定年月日（事業対象者の場合は、基本チェックリスト実施日） | |
| 認定の有効期間 | |
| 居宅サービス等（うち種類支給限度基準額） | 区分支給限度基準額 |
| | 1月当たりサービスの種類 / 種類支給限度基準額 |
| 認定審査会の意見及びサービスの種類の指定 | |

**（三）**

給付制限

| 内　容 | 期　間 |
| --- | --- |
| | 開始年月日 |
| | 終了年月日 |
| | 開始年月日 |
| | 終了年月日 |

居宅介護支援事業者若しくは介護予防支援事業者及びその事業者の名称又は地域包括支援センターの名称

| | |
| --- | --- |
| | 届出年月日 |
| | 届出年月日 |
| | 届出年月日 |

介護保険施設等

| 種類 | |
| --- | --- |
| 名称 | 入所等年月日 |
| | 退所等年月日 |
| 種類 | |
| 名称 | 入所等年月日 |
| | 退所等年月日 |

## (2) 貸付事業用宅地等

　もう1つ、この規定で該当する可能性が高いのは、被相続人等の貸付事業の用に供されていた宅地等になります。つまり、賃貸物件を持っている人です。これは「事業」となっていますが、所得税にあるような事業的規模でなければならないということはなく、マンション1室の賃貸でも対象となりますので、該当する人が多くいます。このように、貸付事業については比較的対象になりやすいため、相続対策の1つとして分譲マンション等を購入し賃貸するということがよくあります。

　一方で、この不動産は相続税の納税のために、手放さなければならないことになったら困るでしょうか？　多くの人にとってこれらの不動産は投資に関するものであり、売却しようと思えば売却しやすい比較的換金性が高いものになります。また、事業と呼ぶほどこれで生計を立てているかも様々です。従来は1部屋でも賃貸していれば問題なく貸付事業用宅地等として、小規模宅地等の特例対象になっていたのですが、平成30年度の税制改正により、要件が厳しくなりました。具体的には、相続開始前3年以内に新たに貸付けを始めた不動産は対象から外れました。これは短期的な節税目的で行ったかどうかを判断しており、3年を超えて継続的に賃貸を行っている不動産については、節税目的ではないだろうという線引きになります。そのため、貸付けしている不動産がいつから賃貸活動を行っているかという確認が必要になります。具体的には賃貸借契約書や、過去3年間の所得税の確定申告書を必ず確認するようにしましょう。

　なお、この3年以内の貸付けであったとしても、不動産貸付で生計を立てている、いわゆる事業的規模での賃貸については、小規模宅地等の対象となります。ここでの事業的規模は所得税における事業的規模と同義となりますので、所得税基本通達26-9に規定されているいわゆる5棟10室基準によることになります。よって、過去の所得税の確定申告書の確認の際に、どのくらいの規模で事業を行っているかの確認も合わせて行う必要があります。

*174*

**【貸付事業用宅地等の要件】**

| 区分 | | 特例の適用要件 |
|---|---|---|
| 被相続人の貸付事業の用に供されていた宅地等 | 事業承継要件 | その宅地等に係る被相続人の貸付事業を相続税の申告期限までに引き継ぎ、かつ、その申告期限までその貸付事業を行っていること |
| | 保有継続要件 | その宅地等を相続税の申告期限まで有していること |
| 被相続人と生計を一にしていた被相続人の親族の貸付事業の用に供されていた宅地等 | 事業継続要件 | 相続開始前から相続税の申告期限まで、その宅地等に係る貸付事業を行っていること |
| | 保有継続要件 | その宅地等を相続税の申告期限まで有していること |

(出典：国税庁「令和 6 年分用　相続税の申告のしかた」)

## 20　地積規模の大きな宅地

　評価をしようとする宅地が三大都市圏においては 500 ㎡以上の地積の宅地、三大都市圏以外の地域においては 1,000 ㎡以上の地積に該当した場合には、地積規模の大きな宅地に該当する可能性があり、これに該当すると評価が大幅に減額されるため、この適用について漏らさないようにすることが重要です。この規定は、地積規模が大きい場合で、宅地開発をするとした場合に道路を通す必要があるなど、実際の宅地分譲により経済的価値が生じる有効面積が減ってしまうことを想定しています。そのため、適用要件としては単純に地域とその地域における一定の面積以上の地積があればよいというわけではなく、具体的にはその他の要件があります。要件についてはフローチャートにて確認すると漏れが起きにくいため、こちらをまず確認しましょう。

第 3 章　財産の確定　　175

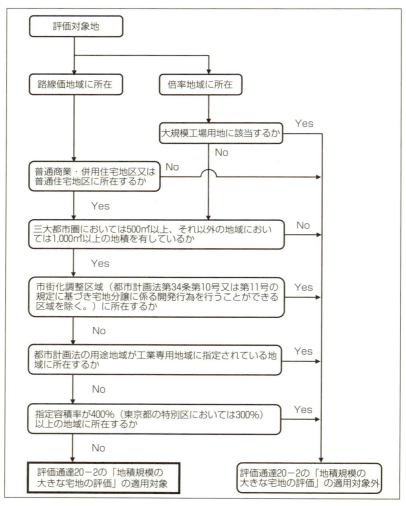

(出典:国税庁パンフレット「「地積規模の大きな宅地の評価」が新設されました」)

　まずは、地域により地籍規模の大きな宅地の基準地籍が異なりますので、ここから確認をする必要があります。三大都市圏とは、①首都圏整備法2条3項に規定する既成市街地または同条4項に規定する近郊整備地帯、②近畿圏整備

法2条3項に規定する既成都市区域または同条4項に規定する近郊整備区域、
③中部圏開発整備法2条3項に規定する都市整備区域に規定されている区域等
となり、具体的な市町村は以下のとおりとなります。

| 圏 名 | 都府県名 | | 都　　市　　名 |
|---|---|---|---|
| 首都圏 | 東京都 | 全域 | 特別区、武蔵野市、八王子市、立川市、三鷹市、青梅市、府中市、昭島市、調布市、町田市、小金井市、小平市、日野市、東村山市、国分寺市、国立市、福生市、狛江市、東大和市、清瀬市、東久留米市、武蔵村山市、多摩市、稲城市、羽村市、あきる野市、西東京市、瑞穂町、日の出町 |
| | 埼玉県 | 全域 | さいたま市、川越市、川口市、行田市、所沢市、加須市、東松山市、春日部市、狭山市、羽生市、鴻巣市、上尾市、草加市、越谷市、蕨市、戸田市、入間市、朝霞市、志木市、和光市、新座市、桶川市、久喜市、北本市、八潮市、富士見市、三郷市、蓮田市、坂戸市、幸手市、鶴ケ島市、日高市、吉川市、ふじみ野市、白岡市、伊奈町、三芳町、毛呂山町、越生町、滑川町、嵐山町、川島町、吉見町、鳩山町、宮代町、杉戸町、松伏町 |
| | | 一部 | 熊谷市、飯能市 |
| | 千葉県 | 全域 | 千葉市、市川市、船橋市、松戸市、野田市、佐倉市、習志野市、柏市、流山市、八千代市、我孫子市、鎌ケ谷市、浦安市、四街道市、印西市、白井市、富里市、酒々井町、栄町 |
| | | 一部 | 木更津市、成田市、市原市、君津市、富津市、袖ケ浦市 |
| | 神奈川県 | 全域 | 横浜市、川崎市、横須賀市、平塚市、鎌倉市、藤沢市、小田原市、茅ケ崎市、逗子市、三浦市、秦野市、厚木市、大和市、伊勢原市、海老名市、座間市、南足柄市、綾瀬市、葉山町、寒川町、大磯町、二宮町、中井町、大井町、松田町、開成町、愛川町 |
| | | 一部 | 相模原市 |
| | 茨城県 | 全域 | 龍ケ崎市、取手市、牛久市、守谷市、坂東市、つくばみらい市、五霞町、境町、利根町 |
| | | 一部 | 常総市 |
| 近畿圏 | 京都府 | 全域 | 亀岡市、向日市、八幡市、京田辺市、木津川市、久御山町、井手町、精華町 |
| | | 一部 | 京都市、宇治市、城陽市、長岡京市、南丹市、大山崎町 |
| | 大阪府 | 全域 | 大阪市、堺市、豊中市、吹田市、泉大津市、守口市、富田林市、寝屋川市、松原市、門真市、摂津市、高石市、藤井寺市、大阪狭山市、忠岡町、田尻町 |
| | | 一部 | 岸和田市、池田市、高槻市、貝塚市、枚方市、茨木市、八尾市、泉佐野市、河内長野市、大東市、和泉市、箕面市、柏原市、羽曳野市、東大阪市、泉南市、四條畷市、交野市、阪南市、島本町、豊能町、能勢町、熊取町、岬町、太子町、河南町、千早赤阪村 |
| | 兵庫県 | 全域 | 尼崎市、伊丹市 |
| | | 一部 | 神戸市、西宮市、芦屋市、宝塚市、川西市、三田市、猪名川町 |
| | 奈良県 | 全域 | 大和高田市、安堵町、川西町、三宅町、田原本町、上牧町、王寺町、広陵町、河合町、大淀町 |
| | | 一部 | 奈良市、大和郡山市、天理市、橿原市、桜井市、五條市、御所市、生駒市、香芝市、葛城市、宇陀市、平群町、三郷町、斑鳩町、高取町、明日香村、吉野町、下市町 |
| 中部圏 | 愛知県 | 全域 | 名古屋市、一宮市、瀬戸市、半田市、春日井市、津島市、碧南市、刈谷市、安城市、西尾市、犬山市、常滑市、江南市、小牧市、稲沢市、東海市、大府市、知多市、知立市、尾張旭市、高浜市、岩倉市、豊明市、日進市、愛西市、清須市、北名古屋市、弥富市、みよし市、あま市、長久手市、東郷町、豊山町、大口町、扶桑町、大治町、蟹江町、阿久比町、東浦町、南知多町、美浜町、武豊町、幸田町、飛島村 |
| | | 一部 | 岡崎市、豊田市 |
| | 三重県 | 全域 | 四日市市、桑名市、木曽岬町、東員町、朝日町、川越町 |
| | | 一部 | いなべ市 |

（注）「一部」の欄に表示されている市町村は、その行政区域の一部が区域指定されているものです。評価対
　　　象となる宅地等が指定された区域内に所在するか否かは、各市町村又は府県の窓口でご確認ください。
（※）平成28年4月1日現在

このように比較的広い市区町村で対象となっています。この他にポイントとなる点は、地区区分と都市計画関連についてです。冒頭にもお伝えしたとおり、これは宅地分譲を想定した話となりますので、商業地域や工業地域は対象外となり、普通住宅地区または普通商業・併用住宅地区を想定しています。さらに、都市計画においても宅地開発を予定していない市街化調整区域なども原則対象から外れます。そして、普通住宅地区または普通商業・併用住宅地区に該当しても、対象とならない場合があります。それは、容積率の問題です。この制度の趣旨が宅地分譲想定のため、大きなマンションがその土地の最有効活用と認められるのであれば、大きな土地であるからこそ価値が生じ、宅地分譲の際に必要な道路等を設ける必要がなくなります。このように、マンションが最有効活用となるか否かの判断基準要素として重要視されるのが都市計画における容積率となります。この規定における容積率は指定容積率となりますので、市区町村のホームページの都市計画情報から確認をします。東京都の場合は東京都都市整備局のホームページでも確認することができます。

制度の規定趣旨は、以上のとおり宅地分譲を想定しておりマンション開発が最適と認められるようなケースはこの規定の対象から外れることになります。しかし、実際にはマンション用地であっても適用されることがあります。あくまでこの規定の適用に際しては、現況においてマンションが建っていたら対象から外れるということはないため、現実にマンションが建っていて使われていてもこの制度の適用対象となることがあり得ます。分譲マンションの場合は、マンション1室を被相続人が所有していたとしても、マンション用地全体を共有していることになれば、あくまで評価単位はマンション用地全体となり、例えば3大都市圏に所在していれば500㎡以上で対象となる可能性があります。マンションが建設されていても容積率が300％未満であることもありますので、適用の可能性につき必ずチェックするようにしましょう。

178

## 21 マンション評価

　令和6年1月1日以後の相続、贈与からいわゆるマンション評価の改正が行われました。この背景には、近年マンションの売買価格が上昇している一方で、マンションの場合は土地をマンションの区分所有者で共有することから、相続税等の計算における評価額は低めに算出されることが増えていることがあり、市場価格に相続税等の計算における評価額を合わせるという目的のために行われました。

　特にタワーマンションにおいては、その立地や眺望等から市場価格が高くなることが多い一方で、タワーマンションゆえ多くの世帯が土地を共有することになるため、低層階のマンション等に比べて相対的に土地の所有面積が少なくなり、より市場価格との乖離が大きくなるという現象が生じていました。そこで、このマンション評価により市場価格に近づけるという調整を行う必要があります。前提として市場価格が形成されている分譲マンションを想定しているため、事務所用のビルは対象外となり、居住前提のマンションが対象となります。その他、建物全体の階数や評価対象の建物の所在階なども影響しますが、いずれも登記事項に記載の内容で算出することになるため、建物の登記事項の確認は必須となります。

第3章　財産の確定　　179

# 4 有価証券の資料

　株式や投資信託などの有価証券も預貯金と同様に資料の収集を適正に行うことにより、財産の漏れを防ぐことができます。預貯金と同様に証券会社などの金融機関を通しての取引が多くありますので、まずは資料を入手する必要があります。

## 1 証券会社等を通しての取引

　証券会社等を通して取引をしている場合は、まず以下の資料を入手して、所有銘柄や残高を確認します。

① 残高証明書
② 顧客勘定元帳
③ 四半期等の報告書
④ 株主総会招集通知
⑤ 配当金通知書

## 2 評価に必要な資料

　また、これらとは別に評価に必要な資料として以下の資料を入手します。

① 上場株式等の株価のデータ（過去3か月分）
② 投資信託の基準価額
③ 公社債の利率、利息支払日、発行価額
④ 目論見書

## 3　残高証明書の入手

　預貯金等と同様に、まず残高証明書の取得が必要になります。これは証券会社に依頼することにより入手できます。相続が発生した場合には、相続税の計算に必要な上場株式等の終値等や投資信託の基準価額等のデータのほとんどは、あわせて用意してもらえることが多いので実際には自身で集めることは少ないです。

## 4　過去の取引の確認

　証券口座での一番の難点は、通帳がないことです。証券口座は銀行の通帳のような入出金や売買についての年間通して記載のある資料が基本的にはなく（ネット証券等では、自身で同様の資料の入手は可能なことが多い）、唯一近いものとしては四半期等の報告書になります。多くの証券会社では四半期に1度のペースで、その3か月間にあった取引や、現在の残高や時価評価額等がまとまった資料が郵送されてきます。今ではネット証券が増えたため、郵送による報告書は少なくなりましたが、それら以外の証券会社ではまだ同様の書類の郵送がありますので、これらを見ることにより、過去の動きがわかります。

　しかしながら、通帳と異なり、これを処分してしまっていることも多くあります。このような場合には、過去の取引を時系列に並べた顧客勘定元帳の入手が効果的です。これは、預貯金と同様に、通常過去10年まで入手することができ、その証券口座における売買や入出金等が確認できます。ただし、通帳のような記載の方式ではないため、非常に見にくいのが難点です。

　取引が多くなければ読み解くこともできますが、取引が多い場合は、枚数も膨大になるため、確認する際には、証券口座からの入出庫または入出金を主に確認することになります。証券口座は基本的には、株式等の売買を行いますが、その受渡代金は証券口座を通して行います。そのため、証券口座内での取引については、お金が株式等に変わるか、株式等がお金に変わるかのいずれかで、財産の種類が変わるだけであり時価総額はその証券口座内では変わらないことになります。つまり、証券口座内での取引は財産の漏れや他の財産の手掛かり

第3章　財産の確定　　181

## 顧客勘定元帳

期間：2012年 4月 2日～2012年 9月28日　　　　　　　　　　　　　基準日　2012年　9月　28日
部店：ZOO　　　　　　　　　　　　　　　　　　＜保護預り有価証券明細兼　取引決算報告書（控）＞　　　　　　　P. 1-1
口座番号　〇〇〇〇〇〇〇
顧客名　〇〇　〇〇

| 扱者 | 受渡日 | 銘柄 | 商品 | 約定日 | 数量 | 単価 | 内訳 | 借方金額 | 貸方金額 | 残高 | 摘要 | 内訳 | 入庫数量 出庫数量 | 預り 名義 | 預り番号 当社預り日 | 等定 | 最終稼動年月 1 2 3 |
|---|---|---|---|---|---|---|---|---|---|---|---|---|---|---|---|---|---|
| 030 | 12 924 | | | | | | | | | | | | | | | | |
| 030 | 12 924 | | | | | | | | | | | | | | | | |
| 030 | 12 926 | A株式 | 1**1 01 | 921 | 1000 | 228 A0 | 03 | | 90000 | 90000 | | | | | | | |
| 030 | 12 926 | A株式 | 1**1 01 | | | | | 0 | 227715 | 317715 | | | 1000 01 | | 100067 07 228 | 11 | 11 |
| 030 | 12 927 | B株式 | 2**2 01 | 924 | 100 | 254 A0 | | 0 | 25545 | 292170 | | | | | | 11 | |
| 030 | 12 927 | B株式 | 2**2 01 | | | | * | | | 292170 | | | 100 01 | | 100370 12 927 | 11 | |
| 030 | | | | * * ト ー タ ル 預 り 金 | | | * | | | | | | | | | | |

約定年は受渡年に同じ。ただし年跨ぎの場合は前年。

保存年限10年（法定）

（SBI証券ホームページ）

には影響がありません。

　証券口座内での取引をみる際には、財産がどのように形成されたかという裏づけ（例えば、労働による収入は少なかったが、株式等の値上がり益により多くの財産を形成した）を確認するのがまず１つのポイントです。もう１つのポイントは、証券口座外との間における取引です。証券口座からの入出庫や入出金であれば、証券口座以外の財産の形成の手掛かりとなり、例えば、ここから多くのお金が引き出されていれば、現金残高の調査や相続人等への贈与等を確認する必要があります。よって、顧客勘定元帳を確認する際には、特にこの点に注意が必要です。

## 5　四半期等の報告書の確認

　四半期等の報告書が過去分も含めて揃っている場合には、過去の取引も容易につかむことができるため、顧客勘定元帳よりも理解がしやすいです。また四半期ごとの残高およびその時点での時価評価額も参考として通常記載されているため、残高や時価評価額の推移もつかむことができます。四半期報告書には、多くの場合、取得価額も記載されていますので、取得当時の資産の状況の推測ができるとともに、さらに重要な点は、相続後に被相続人等の財産を取得した者がその後譲渡した際の取得価額がわかるという点です。

　相続や贈与の場合は、当初取得した者（相続の場合は通常被相続人）の取得価額を引き継ぐため、取得価額がわかっていると譲渡所得の計算も容易にできるようになります。今では多くの人が証券口座を利用の際に特定口座を利用しており、特定口座では取得価額に関する情報も管理していますので、できるだけこのタイミングで情報を整理して相続手続き時に、取得価額の情報を引き継げるようにしておきましょう。

## 6　証券口座で管理していない有価証券

　通常、上場株式等については、証券口座での管理になりますが、株券電子化移行時に証券保管振替機構に預託手続きがされなかった株式等については、株

式の発行会社が信託銀行等に開設する「特別口座」にて管理がされます。これらの他、単元未満株式等についても同様に特別口座にて管理されています。そのため、これらの株式の存在が疑われる場合には、特別口座の確認をする必要があります。

　特別口座はほとんどのケースで発行会社の株主名簿管理人である金融機関の信託銀行に開設されるため、その発行会社の株主名簿管理人を確認して、その信託銀行に照会をかけ残高証明書を取得します。なお、その際には、残高証明書と合わせて株式異動証明書を取得することにより、所有株式の名義書換え日などの情報が入手できますので、取得価額や必要に応じて名義株式等の確認も行うことができます。

## 7　株主総会招集通知や配当金通知書による確認

　株主総会招集通知は年に1回は必ず送られてきますので、そこに記載されている所有株数や議決権数も手掛かりとなります。この他、配当金を支払っている会社であれば、配当金通知書も株式残高の確認に有効です。相続の場合、申告期限が相続開始から10か月になりますので、ほとんどのケースで株主総会が最低1度は開催される時期にあたります。その間に招集通知が送られてくることにより保有銘柄がわかることもよくありますので、株式については、これらを確認することにより残高の漏れを防ぐことができます。

　また、配当に関連して、忘れがちなのが配当期待権になります。配当期待権とは、配当金交付の基準日の翌日から効力が発生するまでの間において、配当金を受けることができる権利になります。例えば3月決算の法人で、3月末日の株主に対して（基準日）配当金を支払うことを6月に決議（効力発生）する場合、この間においては、配当金を受け取ることができるかはまだ未確定な状況にあります。この期間に相続が発生した場合には、未確定であるため相続財産に該当しないようにも考えられますが、事後的にこの権利が確定するため、未収の配当金ではなく配当期待権という内容で相続財産として計上することになります。このようにタイムラグが発生するため見落としがちですが、相続発生後に配当

金を受け取る場合は、配当期待権に該当するかどうか確認する必要があります。

　今では、1年ごと、半期ごと、四半期ごと等、配当金の支払うタイミングや頻度は各社異なりますので、各社のIRなどで配当金の状況を合わせて確認しなければなりません。なお、相続開始前にすでに効力が発生しているものについては、単に配当金を受け取っていないだけということになりますので、この場合は未収配当金ということになります。

## 8　開設している証券会社が不明の場合

　近年では、ネット証券が増えてきており、多くのネット証券ではコスト面やネット利用前提ということから、郵便物を定期的に送るということをしていないようです。そのため、相続人等が証券口座そのものに気が付かないということが想定されます。

　先ほどの株主総会招集通知等により気が付く場面もありますが、それを待たなくても証券口座を事前に確認する方法があります。証券保管振替機構の「登録済加入者情報の開示請求」という制度を使うことにより、株式等に係る口座を開設している証券会社等の名称とその口座開設者の住所や名前等の確認をすることができます。そのため、口座開設の可能性がある証券会社が不明な場合は、この制度により財産調査を進めることができますので、ネット証券の利用が増えている今後は活用場面が増えると予想されます。

## 9　投資信託の評価

　有価証券のうち投資信託を保有していることもよくあります。投資信託の評価においても他の有価証券と同様に残高証明書を取得し、その投資信託の区分に応じた評価に則り評価を行うことになります。いわゆる投資信託というと証券投資信託の受益証券に該当することが多く、証券会社だけではなく銀行等でも取扱いがあるため、評価についてしっかり押さえておく必要があります。

　投資信託については、株式等と同様で残高証明書の発行の際に「課税時期の1口あたりの基準価額」をあわせて記載等をすることにより，他で時価の情報

第3章　財産の確定　　*185*

を取得することなく評価を行うことができます。投資信託の評価にあたって注意しなければならないのは、財産評価通達の算式にある「信託財産留保額及び解約手数料」を差し引くことができる点です。この信託財産留保額というのは聞き慣れないかもしれませんが、投資信託を途中で換金するときに換金する人が負担する費用のことで、基準価額に対して何％といったように解約代金から差し引かれます。

　この信託財産留保額については、目論見書によって確認することができます。目論見書は、有価証券の募集または売出しにあたって、その取得の申込を勧誘する際等に投資家に交付する文書で、当該有価証券の発行者や発行する有価証券などの内容を説明したものです。ファンドの目的や投資リスク、投資方針など細かなことが記載されていますが、この信託財産留保額については、手数料等に関する部分に記載がありますので、ここを見てもらえれば十分です。0.2％くらいの割合が多くありますが、国外で運用しているものなどについては、もっと高率になることも多く、保有額が多いと評価に与える影響も無視できませんので、必ず確認するようにしましょう。

　今ではインターネットでファンドの名前を入れることにより、その投資信託を運用している投信会社のホームページ等を検索し、そのページから目論見書を確認できることが多いです。目論見書は交付目論見書と請求目論見書の2つが掲載されていることがありますが、どちらを見ても問題ありません。

　交付目論見書は、証券会社や銀行などが投資信託を販売する際に、あらかじめまたは同時に投資家に交付することが金融商品取引法において義務づけられている目論見書のことで、投資信託の基本的な説明が記載されている書類で、投資家にとって最も重要な説明資料だといえます。請求目論見書は、投資家が請求した場合に、交付することが義務づけられている目論見書のことで、投資信託についての詳細な情報が記載されています。これらの目論見書に記載のある信託財産留保額や解約手数料の欄は見逃さないようにしましょう。

　なお、金融庁が提供しているEDINET（https://disclosure2.edinet-fsa.go.jp/）という開示書類に関する電子開示システムのサイトにおいて、該当す

るファンドの有価証券届出書を確認しても、同様の情報を得ることができます。

## 目論見書の信託財産留保額等の記載

〈ファンドの費用・税金〉

ファンドの費用

| 投資者が直接的に負担する費用 | |
|---|---|
| 購入時手数料 | 購入価額に、3.24％（税抜3.0％）を上限として、販売会社が別に定める手数料率を乗じて得た額となります。<br>購入時手数料は、商品や投資環境の説明及び情報提供等、ならびに購入に関する事務手続き等にかかる費用の対価として、販売会社に支払われます。 |
| 信託財産留保額 | 換金申込受付日の基準価額に0.2％の率を乗じて得た額を、換金時にご負担いただきます。 |

| 投資者が信託財産で間接的に負担する費用 | | | |
|---|---|---|---|
| 運用管理費用（信託報酬） | ファンドの日々の純資産総額に対して年率1.62％（税抜1.5％）<br>信託報酬＝運用期間中の基準価額×信託報酬率<br>※運用管理費用（信託報酬）は、毎日計上され、毎計算期間の最初の6か月終了日及び毎計算期末又は信託終了のときファンドから支払われます。 | | |

| | 支払先 | 内訳（税抜） | 主な役務 |
|---|---|---|---|
| 運用管理費用（信託報酬） | 委託会社 | 年率0.715％ | 信託財産の運用、目論見書等各種書類の作成、基準価額の算出等の対価 |
| | 販売会社 | 年率0.715％ | 購入後の情報提供、交付運用報告書等各種書類の送付、口座内でのファンドの管理等の対価 |
| | 受託会社 | 年率0.070％ | 運用財産の保管・管理、委託会社からの運用指図の実行等の対価 |

| その他の費用・手数料 | その他の費用・手数料として、お客様の保有期間中、以下の費用等を信託財産からご負担いただきます。<br>・組入有価証券等の売買の際に発生する売買委託手数料<br>・信託事務の処理に要する諸費用<br>・外国での資産の保管等に要する費用<br>・監査法人等に支払うファンドの監査にかかる費用　　等<br>監査費用は毎日計上され、毎計算期間の最初の6か月終了日及び毎計算期末又は信託終了のとき、その他の費用等はその都度ファンドから支払われます。<br>※これらの費用等は、定期的に見直されるものや売買条件等により異なるものがあるため、事前に料率・上限額等を示すことができません。 |
|---|---|

※上記手数料等の合計額、その上限額については、購入金額や保有期間等に応じて異なりますので、あらかじめ表示することができません。

## **10 債券の評価**

債券の評価においては、次の3つのどれに該当するかにより評価方法が異なります。

> ① 金融商品取引所に上場されている公社債
> ② 日本証券業協会において売買参考統計値が公表される銘柄として選定された公社債
> ③ その他の公社債

①に該当するかどうかは、日本取引所グループのホームページにて債券相場表が公表されており、その表の中に該当する銘柄があればこの相場に従い評価を行います。

②に該当するかどうかは、日本証券業協会のホームページの中で「公社債店頭売買参考統計値」が同じように日々公表されていますので、その表の中に該当する銘柄があればこの相場に従い評価を行います。このようにまず①②に該当するかどうかを確認する必要がありますので、債券の評価を行う際には、まずこれらのホームページにて該当するかどうかを確認するようにしましょう。

該当するものがなければ③のその他の公社債の評価になります。この際に必要な情報としては、利付公社債の場合は、発行価額と直前の利払い日から課税時期までの日数とその経過利息計算のための利率となります。割引発行の場合は、発行価額と券面額、発行日から課税時期までの日数と償還期日までの日数が必要となります。これらの情報は取扱いをしている金融機関に直接問い合わせをするなどして確認をします。

# 5 生命保険等の資料

　相続が発生した際に、本来の相続財産ではないですが、みなし相続財産として見逃してはならないのが、生命保険金です。他の金融資産等と同様に契約内容の有無から確認していく必要があります。保険契約の有無については、銀行預金等と同様に自宅にある保険証券や保険会社からの郵便物等を手掛かりに探していくことになります。

　契約の有無を確認する方法としては、以下の方法が一般的です。

---

① 保険証券
② 多くの保険会社が行っている1年に1回の保険契約内容のお知らせ等
③ 所得税確定申告書の生命保険料控除の記載内容
④ 預金通帳等の保険料の口座引落履歴

---

　最終的には、契約がありそうな保険会社について、直接契約の有無や内容を確認します。

## 1 保険契約内容の確認

　生命保険の加入があった場合には、まず保険契約内容を確認します。保険証券や保険契約のお知らせ等を見るとわかりますが、ここでは以下の点を必ず確認します。

---

① 契約者
② 被保険者
③ 保険金受取人
④ 保障内容

---

　この中でも最も重要な部分は「契約者」になります。なぜ契約者が最も重要

第3章　財産の確定　　189

なのかというと、契約者という地位にある人が保険料の支払いという責任があり、また一方で解約時に解約返戻金がある場合に受け取る権利がある人だからです。

　相続において保険というと死亡保険がまず思い当たり、その場合には、被保険者が被相続人で、保険金の支払い事由が発生するということを想定すると思います。しかし、相続に際しては、契約者が非常に重要になります。相続という大前提に立ち戻って考えると、被相続人の財産を相続人等が相続等する際に相続税という問題が生じるためです。

　生命保険金が相続税の対象となるのは、契約者が支払ってきた保険料という財産を、死亡という保険事由の発生を原因として契約者ではない人に、保険金という形で保険会社から直接支払われることが、実質的に「相続」により「財産が移転」するからみなし相続に該当するわけです。そうなると、「保険料を支払った人から保険金を受け取った人への間接的な財産の移転」になるため、まず契約者が重要ということになります。この契約者が誰かをしっかりと把握できないと、保険については大きく間違う可能性がありますので、必ず確認するようにしましょう。

## 2　生命保険契約に関する権利

　保険契約者が被相続人である保険が非常に重要ですが、保険契約の対象者である被保険者が、必ずしも被相続人になるとは限りません。配偶者や子を対象として契約をすることもあります。

　多くの人がイメージしている生命保険は、一家の大黒柱であるお父さんに万が一のことがあった場合に、残された家族の今後の生活等を考え、妻や子を受取人とした死亡保険になるかと思います。しかし、配偶者や子を被保険者としている場合には、保険契約者である夫の相続の際には保険事由はまだ発生しておらず、当然保険金も支払われません。相続税の対象は生命保険金と安易に考えてしまうと、この「契約という権利」の相続を見逃してしまいます。

　先ほど、保険契約者は保険料の支払いの他に、解約返戻金の受領という権利

があることに触れました。保険事由が発生していない保険は、保険契約は終了せず、相続等によりその契約者としての地位が引き継がれることになります。その引き継いだ保険契約の新契約者がその後解約したらどのようになるでしょうか。新契約者が解約返戻金を受け取ることができます。つまり、相続によって契約を引き継いだ人が間接的に財産を受け取ることになります。これが、「生命保険契約に関する権利」です。

　お客様である相続人等にとっては、保険金が入ってこないこの契約に税金が課せられるという意識がないため、「生命保険ありますか?」と聞いてしまうと保険金を受け取っていなければ「ありません」と答えてしまう可能性があります。このあたりをきちんと確認するためにも、「被相続人が契約して、保険料を支払っていた保険契約はありますか?」と聞くとよいでしょう。

**【生命保険契約に関する権利】**　　　　　　　**【通常の生命保険金】**

契約者
被相続人　　　　保険会社

契約者
被保険者　　　　保険会社

保険料支払

被保険者
地位承継　　相続人

保険事由が
発生していない

保険契約者を
名義変更

保険料支払

相続人
保険金受取人

保険会社を通じて
財産を移転

保険事由発生時に
保険金支払

　生命保険契約に関する権利がある場合には、評価に際しては、相続開始日における解約返戻金の額によって評価するため、契約している保険会社からこの金額に関する評価額の証明書を入手します。

## 3　保険金受取人における税務の取扱い

　契約者や被保険者の次に確認するのが保険金受取人です。保険金受取人に関しては、保険契約者、被保険者、保険金受取人の三者の関係性において、適用される税目が変わってきますので、まずはその点を押さえる必要があります。

　次に確認しなければならないのが、保険金受取人が複数存在する場合です。複数存在する場合には、保険契約で受取人それぞれに受取割合が事前に決めら

れていますので、その割合も確認します。仮に、この決められた割合どおりに受け取らずに受取人の間で調整をかけてしまうと、それはその受取人の間における贈与の問題が生じますので、保険金はそのまま指定された割合で受け取ることになります。あくまで保険契約に定められた受取人ということになりますので、例えば代表して1人が一括して受領しても後で精算をしなければならないため、振込の記録だけでなく保険契約をきちんと確認した方が間違いがありません。

　では保険金の受取人がいない場合はどうでしょうか？　想定されるケースは、受取人が先に死亡してしまっているケースです。この場合には、その保険会社の保険契約ごとにある約款において、この取扱いが明記されています。多くの保険会社では、受取人指定されていた人の相続人が受領することが多いのですが、その際に相続人が複数人存在する場合には、法定相続分での按分のケースもあれば全員均等という場合もあり、各社取扱いが異なりますので注意してください。

## 4　給付内容の確認

　最後に確認するのが、給付内容の確認です。死亡保険のように単純に死亡したらいくらという保険もあれば、医療保険などが特約としてセットになっているものも多くあります。

　例えば医療保険は、入院期間に応じて1日あたりいくらという形で給付がされますが、入院したまま相続が開始された場合には、1つの保険契約でも、その中で医療保険である入院給付金と死亡保険である生命保険金の2種類がまとめて支払われることがあります。

　医療保険と死亡保険は相続税における取扱いが異なりますので、保険金の受け取りがあった場合には必ず保険金支払通知書などの書類から内訳はどうなっているかということを確認する必要があります。

192

## (1) 支払内容のお知らせ①　かんぽ生命

### 保険金額等支払内容のお知らせ

平成29年 6月 6日作成

【保険金額等】支払内容のお知らせ

拝啓　日ごろは、格別のお引立てをいただき厚くお礼申し上げます。
　さて、ご加入いただいている契約について、お客さまにお支払いした金額をお知らせしますので、下記の内容をご確認ください。

　また、確定申告等を行う際は、参考にしてください。
　今後ともご愛顧のほどよろしくお願い申し上げます。

敬具

**■対象契約**

| 保険証券(書)記号番号 | 01 23 4567890 |
|---|---|
| 保険種類 | 普通養老保険 |
| 保険契約者氏名<br>または<br>(保険料等払込人氏名) | 阿久田須　　太郎 様 |
| 被保険者氏名 | 阿久田須　　太郎 様 |

**■支払内容**

| 支払事由等 | | 死亡 |
|---|---|---|
| 支払事由等発生日 | | 平成29年 2月10日 |
| 保険金等支払日 | | 平成29年 5月15日 |
| 支払金額 | | 2,085,308円 |
| 内<br><br>訳 | 保険金額等 | 2,000,000円 |
| | 増加または割増保険金額等 | 0円 |
| | 未払利益配当金額等 | 77,114円 |
| | 前納保険料等払戻金額 | 8,194円 |
| | 差引額 貸付金額同未収利息額 | 0円 |
| | 未収保険料額等 | 0円 |

**■既払込内容**

| 既払込保険料等 | 1,351,815円 |
|---|---|

**■支払者**

| 所在地 | 東京都港区虎ノ門5-13-1　虎ノ門40MTビル |
|---|---|
| 名称 | 独立行政法人郵便貯金・簡易生命保険管理機構 |

**■ご注意事項**
・受取人が複数の場合、各種金額などは受取人代表者さまにお支払いしたものとして算出しております。

―――ご案内―――
・今回の支払金額については、課税の対象になる場合があります。
・確定申告等のお手続きまたは税務上のお取扱いなどについては、お近くの税務署などにお問い合わせください。
・保険金等のご請求の際にマイナンバー(個人番号)をご通知いただけていない場合は、裏面「マイナンバー(個人番号)に関するお願い」に記載の必要書類を郵便局(またはかんぽ生命支店)へお持ちください。

問<br>合<br>せ<br>先　ご不明な点がありましたら、下記の問合せ先、お近くの郵便局またはかんぽコールセンター(裏面に記載)にご相談ください。
＜○○郵便局＞
電話　(03) 1234－5678

　生命保険金が支払われる際に、かんぽ生命を例にとるとこのような書類が届きます。この書類から、どのような支払内容があるかということを確認します。

　まず最初に確認しなければならないのは、「支払事由等」の部分です。この支払事由等が「死亡」でなければ相続税の死亡保険金の非課税の取扱いはありませんので、ここが最も重要になります。

　次に、保険金が支払われる際には、単純に死亡保険金のように保険事由に該当する保険金だけではなく、利益配当金額や前納保険料の払い戻し、契約者貸付金があった場合にはその貸付金等の差引などを考慮して最終的な支払いが行われます。この時にこれらの純粋な保険金以外については、未収入金や未払い金などとして調整を行わなければならないのかという疑問が生じます。これについては、相続税法基本通達により、保険金額に含めるという取扱いがされていることから、すべて相続税の取扱い上は死亡保険金になります。よって、生

命保険金の非課税の規定の適用の対象にもなります。

## （2）支払内容のお知らせ②　他の保険会社

**保険金額等支払内容のお知らせ**

平成29年8月15日

受取人
　　阿久田須　花子　様

ABC保険株式会社
東京都港区赤坂1-1-1

## 支払内容のお知らせ

### 1. 契約内容

| 証　券　番　号 | 123456789 | 保　険　種　類 | 新がん保険 |
|---|---|---|---|
| 被 保 険 者 名 | 阿久田須　太郎　様 | 契　約　者　名 | 阿久田須　太郎　様 |

### 2. 支払内容

＊　所得税の医療費控除を申告される場合には、入院給付金など医療費を補てんする給付金等は、その支払った医療費から控除することが必要です。
　　詳細は所轄の税務署にお問い合わせください。

| 内　　容 | 金　額 | 基準額 | 日数 | お支払いの対象日（期間） |
|---|---|---|---|---|
| 入院給付金 | 510,000 | 30,000 | 17 | 平成29年6月26日～平成29年7月12日 |
| 入院給付金 | 330,000 | 30,000 | 11 | 平成29年7月14日～平成29年7月24日 |
| 死亡保険金 | 1,500,000 | 1,500,000 | | 平成29年7月24日 |
| | 2,340,000円 | | | |

＊　支払内容にご不明な点がある場合は、下記お問い合わせ先までご連絡ください。

| | | | | 支払日 | 平成29年9月7日 |
|---|---|---|---|---|---|
| 支払方法 | 銀行振込 | 金融機関名 | あかさか銀行 | 本支店名 | みつけ支店 |
| 預金種目 | 普通 | 口座番号 | 1234*** | 口座名義人 | アクタス　ハナコ |

＊　個人情報保護のため、口座番号の下3桁は表示しておりません。

　　他の保険会社の一例としてこのような支払い通知があります。この場合も先ほどと同様に確認しなければならないのは内容に関する部分です。

先ほどのかんぽ生命の例で死亡保険金と同時に支払われるものはすべて死亡保険金として取り扱うと説明したため、混同してしまうかもしれませんが、あくまで、利益配当金や前納保険料など、死亡保険契約そのものに関する部分についてのみです。

　今回の内容を見ると、死亡保険金の他に入院給付金が支払われています。入院給付金は入院という保険給付事由により支払われるものですので、先ほどの利益配当金や前納保険料とは性質が異なります。入院給付金は発生事由が異なり、保険請求を早めに行うことができていれば先に支払いが発生したものですので、死亡保険金と切り離し、相続の取扱いでは未収入金となります。一方、死亡保険金については、通常通り死亡保険金として取り扱われます。

　これらの他、保険請求が行われてから実際に支払いが行われるまで保険会社の手続き上の問題等から、規定の日数以内に支払われないケースがあります。その場合に、遅延利息が付されることがありますが、これは相続とは関係がないものになりますので、相続税の計算上は一切考慮する必要はありません。

## 5　団体信用生命保険の取扱い

　住宅ローンを組む際などによく使われる団体信用生命保険ですが、生命保険であるため、相続の場面でも取扱いに悩むことがあります。

　団体信用生命保険の契約者および受取人は、融資をしている金融機関になり、被保険者は住宅ローンの債務者になることが一般的です。被保険者である債務者が死亡等した場合に、住宅ローンの残債が免除されるものですが、死亡に伴い保険金が支払われていて債務が返済されているため、生命保険金に該当するように見えますが、あくまで債務が自動的に免除されるにすぎず、相続人が受け取る生命保険金とは種類が異なります。よって、団体信用生命保険については、生命保険とはなっていますが、相続税の取扱いでは、負っていた債務が相続開始と同時に完済されたということになり、生命保険金も債務も特に発生しないという取扱いになります。

　仮に、これが生命保険金に該当するとなれば、死亡保険金の非課税の取扱い

第3章　財産の確定　　195

が受けられる可能性があり、一方で債務は満額債務控除されるとなると、課税価格の合計は非課税の分だけ少なくなるということになってしまいますので、このような取扱いはされないことになります。

## 6 名義保険の確認

保険契約について、契約者と保険料負担者が異なる場合があります。口座引落の場合であっても、保険料の引落口座が契約者名義の口座でないこともよくあります。この場合には、名義預金と同様に実際の保険料負担者が違うことから、相続税、贈与税、所得税などの問題が生じることになります。

契約者が誰かということが非常に重要でありますが、前述したとおりこれが重要なのは、保険料の支払い義務があるからということになります。よって、保険料の負担者が別の者であれば、実質的にその人が契約者ではないかという問題につながりますので、この点も十分注意しなければなりません。

保険料は契約時に一時払いのものや、払込期間が終了しているものを除き、年払いや半年払い、月払いなど、1年に最低1回は支払いのタイミングがあります。毎年のことなので、口座引落にしている人も多いため、保険契約と通帳の支払いは必ず照らし合わせて確認することが必要です。

## 7 定期金に関する権利

例えば個人年金保険のように、定期的に給付金を受ける権利が引き継がれることがあります。このように被相続人がその原資である掛金や保険料の負担をしており、それに基づき定期金が給付される契約に関する権利がこの定期金に関する権利となります。定期金給付事由が発生しているか発生していないかにより評価が異なります。定期金給付事由が発生していない場合は通常解約返戻金相当額で評価されるため、解約返戻金相当額を確認すれば問題ありません。定期金給付事由が発生しているものに該当した場合には、以下の3つの区分に応じてそれぞれの区分の中で最も大きい金額にて評価を行います。いずれも結論としてはその定期金を取り扱う保険会社等に確認をする必要がありますので、評価方法に

応じて保険会社等に情報提供を依頼するという点を押さえておけば問題ありません。

---

【評価方法】
A　有期定期金：次の①～③の<u>いずれか多い金額</u>
　①　解約返戻金の金額
　②　定期金に代えて一時金の給付を受けることができる場合には当該一時金の金額
　③　⎡給付を受けるべき金額⎤　×　⎡残存期間に応ずる予定利⎤
　　　⎣の１年当たりの平均額⎦　　　⎣率による複利年金現価率⎦

B　無期定期金：次の①～③の<u>いずれか多い金額</u>
　①、②は有期定期金（A）と同じ
　③　給付を受けるべき金額の１年当たりの平均額　÷　予定利率

C　終身定期金：次の①～③の<u>いずれか多い金額</u>
　①、②は有期定期金（A）と同じ
　③　⎡給付を受けるべき金額⎤　×　⎡終身定期金に係る定期金給付契約の目的⎤
　　　⎣の１年当たりの平均額⎦　　　⎢とされた者の平均余命に応ずる予定利率⎥
　　　　　　　　　　　　　　　　　⎣による複利年金現価率　　　　　　　　⎦

---

（出典：国税庁パンフレット「定期金に関する権利の評価が変わりました！」）

　このように、評価そのものは情報が揃えば問題ありませんが、実際の作業の上で判断に迷う点は、多くのケースで生命保険会社が取り扱っている保険商品が中心となるため、生命保険金なのか、定期金に関する権利なのか、どれに該当するかがわかりづらいという点です。個人年金契約においては、年金受給開始前に相続が発生した場合には、それまでの積立金相当に該当する部分を死亡保険金として遺族に給付されるという商品が多くあります。これは死亡保険金の扱いとなるため、生命保険金の相続税の非課税枠の対象となります。一方で、年金受給が開始した後の相続については、年金という定期金を継続して遺族が受け取る権利を引き継ぐということになり生命保険金には該当せず、生命保険金の相続税の非課税枠の対象から外れます。これらについては、判断を誤りやすいため、該当する保険契約の契約内容のお知らせや保険約款を確認して判断をすることが必要となります。両者とも「みなし相続財産」にはなりますが、「みなし相続財産」＝「相続税の生命保険金の非課税対象」というわけではありませんので、注意してください。

第３章　財産の確定　　197

# **6 所得税確定申告書**

　被相続人が所得税の確定申告を行っていた場合は、その内容を確認することにより、多くの情報を得ることができます。特に第1表および第2表からは概要をつかむことができます。各所得項目や、所得控除、税額控除などから例えば以下のようなことが確認できます。

① 配当所得
　→株式の配当、特に非上場株式の配当については、株式保有の確認
② 雑所得
　→個人年金の有無や事業以外の収入の有無などの確認
③ 医療費控除
　→亡くなる前の生活状況や入院の有無などの手掛かりになる
④ 小規模企業共済等掛金控除
　→掛金がある場合は、退職手当金のみなし相続の計上の確認
⑤ 生命保険料控除
　→生命保険契約等の有無の確認
⑥ 扶養控除、配偶者控除、配偶者特別控除
　→扶養親族の有無と、同一生計の確認
⑦ 障害者控除
　→相続人に障害者に該当する人がいる場合には、相続税の障害者控除
　　の適用の確認
⑧ 住宅借入金等特別控除
　→住宅ローンの有無の確認

　また、第3表まで見ていくと、これらの他、株式や不動産の譲渡などの資産に関する情報も入手することができます。この確定申告は1年間の入出金の動きのヒントになりますので、その動きをきちんと読み取ることが必要です。

# 1 収支内訳書・青色申告決算書

　事業所得や不動産所得等がある場合には、確定申告書に収支内訳書や青色申告決算書が添付されていますので、それらもあわせて確認する必要があります。特に青色申告決算書で青色申告特別控除を65万円受けている場合は、貸借対照表の添付がありますので、これが財産確認の大きなヒントとなります。また、減価償却費の計算の欄も資産計上すべきものや、建物であれば事業供用割合などの確認により、店舗併用住宅の場合の事業部分と居住用部分の区分けの確認等にもつながりますので、これも重要になります。

# 2 貸借対照表のポイント

**貸借対照表**

## 貸借対照表 (資産負債調) （令和5年12月31日現在）

| 資産の部 |  |  | 負債・資本の部 |  |  |
| --- | --- | --- | --- | --- | --- |
| 科目 | 1月1日(期首) | 12月31日(期末) | 科目 | 1月1日(期首) | 12月31日(期末) |
| 現金 | 150,000 | 250,000 | 借入金 | 27,000,000 | 110,000,000 |
| 普通預金 | 1,272,000 | 1,493,000 | 未払金 |  |  |
| 定期預金 | 9,000,000 | 7,000,000 | 保証金・敷金 | 1,090,000 | 1,300,000 |
| その他の預金 |  |  |  |  |  |
| 受取手形 |  |  |  |  |  |
| 未収賃貸料 | 65,000 | — |  |  |  |
| 未収金 |  |  |  |  |  |
| 有価証券 |  |  |  |  |  |
| 前払金 |  |  |  |  |  |
| 貸付金 |  |  |  |  |  |
| 建物 | 12,596,920 | 74,799,790 |  |  |  |
| 建物附属設備 | 120,196 | 103,129 |  |  |  |
| 構築物 | 25,000 | 20,000 |  |  |  |
| 船舶 |  |  |  |  |  |
| 工具器具備品 | — | 120,000 |  |  |  |
| 土地 | 5,500,000 | 24,500,000 |  |  |  |
| 借地権 |  |  |  |  |  |
| 公共施設負担金 |  |  |  |  |  |
|  |  |  | 事業主借 |  | 2,906,669 |
|  |  |  | 元入金 | 639,016 | 639,016 |
| 事業主貸 | 10,051,500 |  | 青色申告特別控除前の所得金額 | 28,729,016 | 3,491,723 |
| 合計 | 29,729,016 | 119,327,409 | 合計 | 29,729,016 | 119,327,409 |

● （令和2年分以後は55万円又は65万円の青色申告特別控除を受ける人は必ず記入してください。それ以外の人でもなるべく記入してください。）

（注）元入金は、「期首の資産の総額」から「期首の負債の総額」を差し引いて計算します。

◎本年中における特殊事情・保証金等の運用状況(曲棚等の設定に係る保証金などの預り金がある場合には、その運用状況を記載してください。)

（国税庁「令和5年分 青色申告決算書（不動産所得用）の書き方」）

貸借対照表を入手したら、記載されている財産および債務について、相続財産の中に漏れがないかを確認します。もちろん、相続開始日と時点が異なりますので、差異は生じますが、大きな財産の漏れはこれをすることにより防ぐことができます。相続発生の前年に青色申告をしているようであれば、準確定申告をする可能性が高いと思いますので、準確定申告とは必ず一致させる必要があります。不動産賃貸業の場合は、敷金や預り保証金が相続税の債務控除の対象になりますので、忘れないようにしましょう。

　なお、ここに記載のある金額はあくまで所得税の計算上の帳簿に基づいた簿価になります。そのため、相続税の計算における相続税評価額とは当然異なります。土地や建物はこの点に気が付きやすいのですが、建物附属設備や構築物なども帳簿価額と評価が異なりますので、気をつけてください。

# 3 減価償却費の計算明細のポイント

## 減価償却費の計算明細

○減価償却費の計算

| 減価償却資産の名称等（繰延資産を含む） | 面積又は数量 | 取得年月 | ⑦取得価額（償却保証額） | ⑪償却の基礎になる金額 | 償却方法 | 耐用年数 | ⑦償却率又は改定償却率 | ⑨本年中の償却期間 | ⑦本年分の普通償却費（⑪×⑦×⑨） | ⑧割増（特別）償却費 | ⑦本年分の償却費合計（⑦＋⑧） | ⑨事業専用割合 | ⑦本年分の必要経費算入額（⑦×⑨） | ⑧未償却残高（期末残高） | 摘要 |
|---|---|---|---|---|---|---|---|---|---|---|---|---|---|---|---|
| 木造貸家 | 70.5㎡ | H8・1 | 18,600,000 | 16,740,000 | 旧定額 | 22 | 0.046 | 12/12 | 770,040 | — | 770,040 | 100 | 770,040 | 4,739,280 | |
| 木モルタル造物アパート | 198.5 | H9・7 | 31,500,000 | 31,500,000 | 定額 | 20 | 0.050 | 12/12 | 1,575,000 | — | 1,575,000 | 100 | 1,575,000 | 5,512,500 | |
| 鉄筋コンクリート造物アパート | 315.0 | R5・1 | 66,000,000 | 66,000,000 | 定額 | 47 | 0.022 | 12/12 | 1,452,000 | — | 1,452,000 | 100 | 1,452,000 | 64,548,000 | |
| コンクリート塀 | | H8・3 | 500,000 | 25,000 | | | | 12/12 | 5,000 | — | 5,000 | 100 | 5,000 | 20,000 | 均等償却 |
| 給排水設備 | | H9・7 | 1,500,000 | 120,196 | 旧定額 | 15 | 0.142 | 12/12 | 17,068 | — | 17,068 | 100 | 17,068 | 103,128 | |
| 一括償却資産 | | R5・ | 180,000 | 180,000 | 旧定額 | — | 1/3 | 12/12 | 60,000 | — | 60,000 | 100 | 60,000 | 120,000 | |
| パソコン 他 | | R5・ | 合計500,000（明細は別途保管） | | — | — | — | 12/12 | 500,000 | — | 500,000 | — | 500,000 | — | 措法28の2 |
| 計 | | | | | | | | | 3,879,108 | — | 3,879,108 | | 4,379,108 | 75,042,908 | |

(注) 平成19年4月1日以後に取得した減価償却資産について定率法を採用する場合のうち、償却方法のカッコ内は定率法による償却率、改定償却率を記入します。

○地代家賃の内訳

| 支払先の住所・氏名 | 賃借物件 | 本年中の賃借料・権利金等 | 左の賃借料のうち必要経費算入額 |
|---|---|---|---|

○借入金利子の内訳（金融機関を除く）

| 支払先の住所・氏名 | 期末現在の借入金等の金額 | 本年中の借入金等の利子 | 左のうち必要経費算入額 |
|---|---|---|---|

○税理士・弁護士等の報酬・料金の内訳

| 支払先の住所・氏名 | 本年中の報酬等の金額 | 左のうち必要経費算入額 | 源泉徴収税額 |
|---|---|---|---|

（国税庁「令和5年分 青色申告決算書（不動産所得用）の書き方」）

減価償却費の明細に載っている資産については、それぞれ評価をして財産計上をする必要があります。前述したとおり、建物附属設備や構築物、器具備品などの動産は、それぞれ財産評価を行います。評価の際には、償却方法の違いにも注意しなければなりません。財産評価基本通達においては、附属設備や構築物、一般動産いずれも定率法により減価償却費の計算を行い、期間についても、月割という概念がなく、各資産の課税時期までの期間につき1年未満切り上げにより期間計算を行うなど、所得税の計算明細と一致しない部分があるため、単純に数字を転記しないようにしましょう。

　貸付割合の部分も非常に重要です。店舗併用住宅や賃貸併用住宅を所有している場合は、事業供用部分を把握する必要があります。所得税の計算と実際の供用が異なる場合はいずれかを修正する必要があることも考えられますので、きちんと確認しましょう。

# 4　財産債務調書と国外財産調書

　所得税や相続税の申告漏れ等を防止する観点から、一定の財産を保有している人や一定の海外財産を保有している人について調書の提出が義務づけられています。

　いずれの調書も資産の内容や提出する年分の年末時点での残高や評価額を記載する必要があり、いわば個人のすべての財産の年末時点での貸借対照表を提出していることになります。そのため、これらの提出がある場合には、被相続人が自ら自身の財産を確認し記載していることから、相続財産の漏れを防止できる大きな手掛かりとなります。被相続人が過去に提出している場合には、必ず確認したい書類の1つとなります。

## (1) 財産債務調書の内容

　平成28年1月から施行された制度のため、一番古いもので平成27年12月31日現在の財産の資料ということになります。この財産債務調書ですが、提出しなければならない人は、以下になります。

> **◎財産債務調書を提出しなければならない方**
>
> 　次の①又は②に該当する場合は、保有する財産の種類、数量及び価額並びに債務の金額その他必要な事項を記載した財産債務調書を、その年の翌年の6月30日までに、所得税の納税地等の所轄税務署に提出しなければなりません。
>
> ① 　所得税の確定申告書を提出する必要がある方又は所得税の還付申告書（その年分の所得税の額の合計額が配当控除の額及び年末調整で適用を受けた住宅借入金等特別控除額の合計額を超える場合におけるその還付申告書に限ります。）を提出することができる方で、その年分の退職所得を除く各種所得金額の合計額が2,000万円を超え、かつ、その年の12月31日においてその価額の合計額が3億円以上の財産又はその価額の合計額が1億円以上の有価証券等を有する場合
>
> ② 　居住者の方で、その年の12月31日においてその価額の合計額が10億円以上の財産を有する場合（令和5年分以降の財産債務調書について適用されます。）
>
> 　また、財産債務調書の提出に当たっては、別途「財産債務調書合計表」を作成し、添付する必要があります。
>
> （注）　相続の開始の日の属する年（相続開始年）の年分の財産債務調書については、その相続又は遺贈により取得した財産又は債務（相続財産債務）を記載しないで提出することができます。この場合において、相続開始年の年分の財産債務調書の提出義務については、財産の価額の合計額からその相続又は遺贈により取得した財産の価額の合計額を除外して判定します。

（国税庁「「財産債務調書制度」のあらまし」）

　所得金額の合計額が2,000万円を超え、かつ、財産が3億円以上の人ということになりますので、相続に際して、該当する可能性がありそうであれば、財産債務調書の有無を確認した方がよいでしょう。さらに、令和5年からは年末時点での所有する財産額が10億円以上の場合は、その年の所得金額にかかわらず提出しなければならなくなりました。そのため、これに該当するいわゆる富裕層については、毎年財産債務調書が提出されているはずですので、この確認は必須になるかと思います。なお、財産債務調書に財産が記載されているということは、その当時に提出義務者本人が自分の財産として認識していたということに一般的には捉えられますので、「相続の時点で実は他人の財産です」というような主張は非常に通りづらくなります。

　自身の財産なのかそうでないかは、相続の際に大きな問題となりますが、あまりよく考えずに財産債務調書に記載をすると、相続時に論点になりますので、財産債務調書はきちんと対応することが必要なことと、相続時には慎重に確認する必要があるという点を覚えておいてください。

## (2) 国外財産調書の内容

　国外財産調書は財産債務調書より少し早く平成 26 年 1 月から施行されているため、一番古いもので平成 25 年 12 月 31 日現在の財産の資料になります。この国外財産調書ですが、提出しなければならない人は、以下になります。

---

◎**国外財産調書を提出しなければならない方**
　居住者の方（非永住者の方を除きます。）で、その年の 12 月 31 日においてその価額の合計額が 5,000 万円を超える国外財産を有する場合には、その国外財産の種類、数量及び価額その他必要な事項を記載した国外財産調書を、その年の翌年の <u>6 月 30 日</u>までに、住所地等の所轄税務署に提出しなければなりません。
　また、国外財産調書の提出に当たっては、別途「国外財産調書合計表」を作成し、添付する必要があります。
（注）　相続の開始の日の属する年（相続開始年）の年分の国外財産調書については、その相続又は遺贈により取得した国外財産（相続国外財産）を記載しないで提出することができます。
　　　この場合において、相続開始年の年分の国外財産調書の提出義務については、国外財産の価額の合計額からその相続国外財産の価額の合計額を除外して判定します。

---

（国税庁「「財産債務調書制度」のあらまし」）

　こちらは財産債務調書制度と異なり、所得税の確定申告書の有無とは関係なく、国外に 5,000 万円超の財産を所有している場合に提出が義務づけられています。そのため、確定申告をしていないから出ていないというわけではありませんので、国外に財産がありそうだという場合には、この調書の提出の有無を確認するとよいでしょう。国外財産については、資料の入手が国内財産より難しく、相続人が必ずしも外国語に堪能というわけでもありません。資料の収集に時間がかかることも多いので、早めにとりかかることが必要です。

# 財産債務調書

## 「財産債務調

### 令和××年12月31日

**【各財産及び債務共通】**

1. それぞれの財産債務を「事業用」と「一般用」に区分し、さらに、所在の別に区分します。
   ※ 財産の用途が、「一般用」及び「事業用」の兼用である場合には、「用途」欄には「一般用、事業用」と記載し、「価額」欄には、一般用部分と事業用部分とを区分するように算定した価額を記載してください。
2. 所在については、それぞれの財産債務の所在地を記載してください。
   ※ 各財産債務において記載例が示されている場合には、各財産債務の書き方に従って記載してください。
3. 財産の価額については、その年の12月31日における財産の「時価」又は時価に準ずる価額として「見積価額」を記載してください。
4. 「未収入金」「その他の財産」に区分される財産のうち事業用の債権で、かつ、その価額が300万円未満のものについては、所在別に区分することなく、その件数及び総額を記載することとして差し支えありません。
5. 「借入金」「未払金」「その他の債務」に区分される債務のうち、その金額が300万円未満のものについては、所在別に区分することなく、その件数や総額を記載することとして差し支えありません。
6. 収支内訳書（所得税法施行規則第47条の3）又は青色申告決算書（同規則第65条第1項）の「減価償却費の計算」欄に減価償却資産として記載されている財産については、その減価償却資産の価額の総額を記載することとして差し支えありません。この場合において、国内に所在する財産と国外に所在する財産を保有している場合は、財産の区分ごとに、国内と国外に区分して記載してください。
7. 国外財産調書を提出する場合には、国外財産調書に記載した国外財産の価額の合計額及びそのうちの国外転出特例対象財産の価額の合計額を記載してください。

**建物**

1. 「数量」欄の上段に戸数を、下段に床面積を記載してください。
2. 2以上の財産の区分からなる財産を一括して記載する場合には、「備考」欄に一括して記載する財産の区分等を記載してください。

**有価証券（特定証券以外）**

1. 上記「各財産及び債務共通」の1に加え、有価証券の種類（株式、公社債、投資信託、特定受益証券発行信託、貸付信託等）及び銘柄の別に区分します。
2. 「種類」欄に有価証券の種類及び銘柄を記載してください。
   なお、株式については、「上場株式」と「非上場株式」の別を明記してください。
3. 「所在」欄は有価証券の保管等を委託している場合には、金融商品取引業者等の所在地、名称及び支店名を記載してください。
4. 「価額」欄の上段には取得価額を記載してください。
   ※ 「有価証券」には、合名会社、合資会社又は合同会社の社員の持分や協同組合等の組合員又は会員の持分などを含みます。

**特定有価証券**

1. 上記「各財産及び債務共通」の1に加え、特定有価証券の種類（ストックオプション等）の別に区分します。
2. 「種類」欄に特定有価証券の種類及び発行会社を記載してください。
3. 「所在」欄に特定有価証券の発行会社の所在地を記載してください。
   ※ 「特定有価証券」とは、所得税法施行令第170条第1項に規定する有価証券（一定の譲渡制限付株式や一定の新株予約権等）をいいます。

**その他の動産**

○ 右記「貴金属類」に準じて記載してください。
   ※ その他の動産とは、家庭用動産（家具や什器備品、自動車などの動産（現金、書画骨とう、美術工芸品、貴金属類を除きます。））、棚卸資産、減価償却資産をいいます。
   ※ 貴金属類のうち、いわゆる装身具として用いられるものは、家庭用動産として取り扱って差し支えありません。

**借入金及び未払金**

○ 「所在」欄は債権者の氏名又は名称及び住所又は本店若しくは主たる事務所の所在を記載してください。

**その他の債務**

1. 右記「書画骨とう及び美術工芸品」に準じて記載してください。
2. 「所在」欄は上記「借入金及び未払金」に準じて記載してください。
   ※ その他の債務は、「借入金」「未払金」に当てはまらない債務で、例えば、前受金、預り金、保証金、敷金などをいいます。

| | | 住 所 | 東京都千代田区○ |
|---|---|---|---|
| 財産債務を<br>有する者 | | 又は事業所、<br>事務所、居所など | |
| | | 氏 名 | 国税 ふたば |
| | | 個 人 番 号 | 0000 0000 |

| 財産債務<br>の 区 分 | 種 類 | 用途 | 所 |
|---|---|---|---|
| 土地 | | 一般用<br>事業用 | 東京都千代田区○ |
| 建物 | | 一般用 | 東京都港区○○3 |
| 建物 | | 一般用 | 東京都千代田区霞 |
| 建物 | 減価償却資産 | 事業用 | 青色申告決算書（又 |
| 現金 | | 一般用 | 東京都千代田区霞 |
| 預貯金 | 普通預金 | 事業用 | 東京都千代田区○<br>○○銀行△△支店 |
| 預貯金 | 普通預金 | 一般用 | 東京都千代田区○<br>●●銀行□●●支店 |
| 有価証券 | 上場株式（B社） | | 東京都港区○○3<br>△△証券△△支店 |
| 特定有価証券 | ストックオプション<br>（○○株式会社） | | 東京都港区△△1 |
| 匿名組合出資 | C匿名組合 | 一般用 | 東京都港区○○1<br>株式会社 B |
| 未決済デリバティ<br>ブ取引に係る権利 | 先物取引（○○） | | 東京都品川区○<br>××証券××支店 |
| 貸付金 | | 事業用 | 東京都目黒区○<br>○○ △△1 |
| 未収入金 | | 事業用 | 東京都豊島区○<br>株式会社 C |
| 貴金属類 | ダイヤモンド | 一般用 | 東京都千代田区霞 |
| その他の動産 | 家庭用動産 | 一般用 | 東京都千代田区霞 |
| その他の動産 | 減価償却資産 | 事業用 | 青色申告決算書（又 |
| その他の財産 | 生命保険契約 | | 東京都品川区○<br>○○証券××支店 |
| その他の財産 | 暗号資産<br>（△△コイン） | 一般用 | 東京都千代田区霞 |
| 借入金 | | 事業用 | 東京都○○区○<br>○○銀行△△支店 |
| 未払金 | | 事業用 | 東京都港区○○7<br>株式会社 D |
| その他の債務 | 保証金 | 事業用 | 東京都中央区○<br>株式会社 E |

| 国外財産調書に記載した国外財産の価額の<br>（うち国外転出特例対象財産の価額の合 | |
|---|---|
| 財産の価額の合計額 | 1,404,059,243 |
| （摘要） | |

（1）枚のうち

206

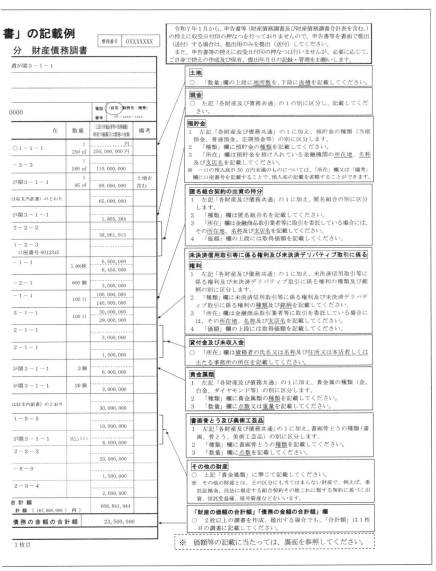

(国税庁「財産債務調書の記載例」)

第3章 財産の確定 207

# 国外財産調書

## 「国外財産調書」

令和××年12月31日

| 国外財産を有する者 | 住所 又は事業所、事務所、居所など | 東京都千代 |
|---|---|---|
| | 氏名 | 国税 ふた |
| | 個人番号 | 0000 000 |

| 国外財産の区分 | 種類 | 用途 | 所在 国名 |
|---|---|---|---|
| 土地 | | 一般用 事業用 | オーストラリア ○○ |
| 建物 | | 一般用 | オーストラリア ○○ |
| 建物 | | 一般用 | アメリカ △△ |
| 建物 | 減価償却資産 | 事業用 | アメリカ (青色 書) |
| 現金 | | 一般用 | オーストラリア ○○ |
| 預貯金 | 普通預金 | 一般用 | アメリカ ○○(○) |
| 預貯金 | 定期預金 | 一般用 | アメリカ ○○ |
| 有価証券 | 上場株式 (○○securities, Inc.) | 一般用 | アメリカ △△ |
| 特定有価証券 | ストックオプション (○○Co., Ltd.) | 一般用 | アメリカ ○○ |
| 匿名組合出資 | C匿名組合 | 一般用 | アメリカ △△(Cx) |
| 未決済信用取引等に係る権利 | 信用取引(××) | 一般用 | オーストラリア ○○×× |
| 未決済デリバティブ取引に係る権利 | 先物取引(○○) | 一般用 | オーストラリア ○○×× |
| 貸付金 | | 一般用 | アメリカ △△(Ax) |
| 未収入金 | | 事業用 | オーストラリア ○○(Bx) |
| 書画骨とう | 書画 | 一般用 | アメリカ △△ |
| 貴金属類 | 金 | 一般用 | アメリカ ○○ |
| その他の動産 | 自動車 | 一般用 | アメリカ △△ |
| その他の動産 | 減価償却資産 | 事業用 | アメリカ 青色のと |
| その他の財産 | 委託証拠金 | | アメリカ ○○ |
| 合　計 | | | |

(摘要)

(1) 枚のう

### 【各財産共通】
1. それぞれの国外財産を「事業用」と「一般用」に区分し、さらに、所在の別に区分します。
   ※ 財産の用途が、「一般用」及び「事業用」の兼用である場合には、「用途」欄には「一般用、事業用」と記載し、「価額」欄には、一般用部分と事業用部分とを区分することなく算定した価額を記載してください。
2. 国外財産の所在については、国名及び所在地を記載してください。
   ※ 国外財産において記載例が示されている場合には、各国外財産の書き方に従って記載してください。
3. 国外財産の価額については、その年の12月31日における国外財産の「時価」又は時価に準ずる価額として「見積価額」を記載してください。
4. 収支内訳書（所得税法施行規則第47条の3）又は青色申告決算書（同規則第65条第1項）の「減価償却費の計算」欄に減価償却資産として記載されている財産については、その減価償却資産の価額の総額を記載することとして差し支えありません。
5. 財産債務調書を提出する場合には、国外財産調書に記載する国外転出特例対象財産（有価証券（特定有価証券に該当するものを除きます。）、匿名組合契約の出資の持分、未決済信用取引に係る権利及び未決済デリバティブ取引に係る権利）について、「価額」欄の上段に取得価額を記載してください。

### 【預貯金】
1. 上記「各財産共通」の1に加え、預貯金の種類（当座預金、普通預金、定期預金等）の別に区分します。
2. 「種類」欄に預貯金の種類を記載してください。
3. 「所在」欄は預貯金を預け入れている金融機関の所在地、名称及び支店名を記載してください。

### 【有価証券（特定有価証券以外）】
1. 上記「各財産共通」の1に加え、有価証券の種類（株式、公社債、投資信託、特定受益証券発行信託、貸付信託等）及び銘柄の別に区分します。
2. 「種類」欄に有価証券の種類及び銘柄を記載してください。
   なお、株式については、「上場株式」と「非上場株式」の別を明記してください。
3. 「所在」欄は有価証券の保管等を委託している場合には、金融商品取引業者等の所在地、名称及び支店名を記載してください。
   ※ 国内にある金融機関の営業所等に設けられた口座において管理されている有価証券については、この調書へ記載する必要はありません。

### 【特定有価証券】
1. 上記「各財産共通」の1に加え、特定有価証券の種類（ストックオプション等）の別に区分します。
2. 「種類」欄に特定有価証券の種類及び発行会社名を記載してください。
3. 「所在」欄に特定有価証券の発行会社の所在地を記載してください。
   ※ 特定有価証券とは、所得税法施行令第170条第1項に規定する有価証券（一定の譲渡制限付株式や一定の新株予約権等）をいいます。

### 【その他の動産】
○ 右記「貴金属類」に準じて記載してください。
※ その他の動産とは、家庭用動産（家具や什器備品、自動車などの動産（現金、書画骨とう、美術工芸品、貴金属類を除きます。）)、棚卸資産、減価償却資産をいいます。
※ 貴金属類のうち、いわゆる装身具として用いられるものは、家庭用動産として取り扱って差し支えありません。

### 【「合計額」欄】
○ 2枚以上の調書を作成、提出する場合でも、「合計額」は1枚目の調書に記載してください。

# 書」の記載例

整理番号 OXXXXXXX

## 日分　国外財産調書

田区霞が関3－1－1

ば

0 0000

電話番号（自宅・勤務先・携帯）03－xxxx－xxxx

| 在 | 数量 | (上記の種類別の各財産の)<br>価　額 | 備考 |
|---|---|---|---|
| 州△△XX 通り 6000 | 1<br>200 ㎡ | 円<br>54,508,000 円 | |
| 州△△XX 通り 6000 | 1<br>150 ㎡ | 80,000,000 | |
| 州○○市 XX 通り 4440 | 1<br>95 ㎡ | 77,800,000 | 土地を<br>含む |
| 申告決算書（又は収支内訳書）<br>のとおり | | 65,000,000 | |
| 州△△XX 通り 6000 | | 5,000,000 | |
| 州△△XX 通り 123<br>○銀行△△支店 | | 23,781,989 | |
| 州△△XX 通り 123<br>○銀行△△支店 | | 58,951,955 | |
| 州○○市 XX 通り 321<br>証券××支店 | 10,000株 | 3,000,000<br>3,300,000 | |
| 州△△XX 通り 400 | 600 個 | 3,000,000 | |
| 州××市 ○○ 通り 456<br>xx D. Exxx | 100 口 | 100,000,000<br>140,000,000 | |
| 州△△XX 通り 567<br>証券××支店 | 400 口 | 0<br>△4,500,000 | |
| 州△△XX 通り 567<br>証券××支店 | 100 口 | 30,000,000<br>29,000,000 | |
| 州○○市 XX 通り 10　123号室<br>xx B. Yxxxx | | 15,600,000 | |
| 州△△XX 通り 30<br>xx A. Jxxxx | | 4,400,000 | |
| 州○○市 XX 通り 4440 | 2 点 | 2,000,000 | |
| 州○○市 XX 通り 4440 | 1 Kg | 5,000,000 | |
| 州○○市 XX 通り 4440 | 1 台 | 6,000,000 | |
| 申告決算書（又は収支内訳書）<br>おり | | 30,000,000 | |
| 州△△XX 通り 987<br>証券△△支店 | | 10,000,000 | |
| 額 | | 608,841,944 | |

ち（1）枚目

---

令和7年1月から、申告書等（国外財産調書及び内国外財産調書合計表を含む。）の控えに収受日付印の押なつを行っておりませんので、申告書等を書面で提出（送付）する場合は、提出用のみを提出（送付）してください。
また、申告書等の控えに収受日付印の押なつはは行いませんが、必要に応じて、ご自身で控えの作成及び保有、提出年月日の記録・管理をお願いします。

**土地**
○ 「数量」欄の上段に地所数を、下段に面積を記載してください。

**建物**
1 「数量」欄の上段に戸数を、下段に床面積を記載してください。
2 2以上の財産の区分からなる財産を一括して記載する場合には、「備考」欄に一括して記載する財産の区分等を記載してください。

**現金**
○ 左記「各財産共通」の1に区分し、記載してください。

**匿名組合契約の出資の持分**
1 左記「各財産共通」の1に加え、匿名組合の別に区分します。
2 「種類」欄は匿名組合名を記載してください。
3 「所在」欄は金融商品取引業者等に取引を委託している場合には、その所在地、名称及び支店名を記載してください。

**未決済信用取引等に係る権利及び未決済デリバティブ取引に係る権利**
1 左記「各財産共通」の1に加え、未決済信用取引等に係る権利及び未決済デリバティブ取引に係る権利の種類及び銘柄の別に区分します。
2 「種類」欄に未決済信用取引等に係る権利及び未決済デリバティブ取引に係る権利の種類及び銘柄を記載してください。
3 「所在」欄は金融商品取引業者等に取引を委託している場合には、その所在地、名称及び支店名を記載してください。

**貸付金及び未収入金**
○ 「所在」欄は債務者の氏名又は名称及び住所又は主たる事務所の所在を記載してください。

**書画骨とう及び美術工芸品**
1 左記「各財産共通」の1に加え、書画骨とうの種類（書画、骨とう、美術工芸品）の別に区分します。
2 「種類」欄に書画骨とうの種類を記載してください。
3 「数量」欄に点数を記載してください。

**貴金属類**
1 左記「各財産共通」の1に加え、貴金属の種類（金、白金、ダイヤモンド等）の別に区分します。
2 「種類」欄に貴金属類の種類を記載してください。
3 「数量」欄に点数又は重量を記載してください。

**その他の財産**
○ 上記「貴金属類」に準じて記載してください。
※ その他の財産とは、どの区分にも当てはまらない財産で、例えば、保険の契約に関する権利、民法に規定する組合契約その他これに類する契約に基づく出資、信託受益権などをいいます。

※ 国外に存する債務については国外財産調書への記載は不要です。
※ 価額の記載に当たっては、裏面を参照してください。

（国税庁「国外財産調書の記載例」）

# 5 過去の申告書の閲覧

　過去の申告書類が手元に残っていないことや見つからないということも当然にあり得ます。その場合には、過去に申告した申告書等につき、税務署に直接出向いて申請することにより、閲覧をすることができます。この閲覧により過去の申告の情報を確認し、相続財産の漏れ等の確認に活かすことができます。

　以前はできなかったのですが、今では申告書等の写真撮影を希望する場合、申請書にその旨を記載すればできるようになり、すべて書き写さなくてもよくなりました。ただし以前と同様に、原則として、コピーを取得することはできません。申告書等は重要な個人情報にあたるため、申請の際には、書類の提出や身分証の提示などが細かく定められています。

　相続の場面においては、亡くなられた方が生前に提出された申告書等を閲覧することが想定されるため、具体的には相続人全員を明らかにする戸籍謄（抄）本または法定相続情報一覧図の写しならびに相続人全員の実印を押印した委任状および印鑑登録証明書（申請日前 30 日以内に発行されたもの）の提出が必要となります。実際には相続人自身で閲覧に行くよりは税理士が代理すること多いと思いますので、さらに代理人が閲覧する際の別途書類も必要となります。具体的には以下の図のとおりとなります。

210

| 申告書等の分類 | 個人に係る申告書等 | | | | | 法人に係る申告書等 |
|---|---|---|---|---|---|---|
| 代理人<br>必要書類 | 未成年者又は成年被後見人の法定代理人 | 配偶者又は4親等以内の親族 | 納税管理人 | 税理士 | 弁護士・行政書士 | 法人の役員・従業員 |
| 代理人本人であることを確認する書類 | 提示 | 提示 | 提示 | 提示 | 提示 | 提示 |
| 委任状（納税者本人の実印（届出印）が押印されたもの） | | 提出 | 提出<br>※実印以外での押印でも差し支えありません。 | 提出（押印不要）<br>※税務代理権限書の提出でも差し支えありません。 | 提出 | 提出 |
| 印鑑登録証明書（申請日前30日以内に発行されたもの） | | 提出 | 提出 | | 提出 | 提出 |
| 戸籍謄（抄）本、家庭裁判所の証明書又は登記事項証明書で申請日前30日以内に発行されたもの | 提示又は提出 | | | | | |
| 戸籍謄（抄）本若しくは住民票の写し（申請日前30日以内に発行されたもの）又は健康保険等の被保険者証等で本人との親族関係が確認できるもの | | 提示又は提出 | | | | |
| 税理士の身分証明書、行政書士証票 | | | | 提示 | 提示 | |
| 役員又は従業員の地位を証する書類（社員証など） | | | | | | 提示 |

（※）代理人になれる方は、納税者の配偶者及び4親等以内の親族、未成年者又は成年被後見人の法定代理人、納税管理人、税理士、弁護士、行政書士、法人の役員又は従業員に限られています。

（出典：国税庁ホームページ「申告書等閲覧サービスの実施について（事務運営方針）」）

## 【申告書等の分類と閲覧を認める者の対比表】

| 申告書等の分類 | | 本人 | 代理人 |
|---|---|---|---|
| 生存する個人に係る申告書等 | 所得税申告書個人消費税申告書贈与税申告書酒税納税申告書間接諸税に係る申告書等 | 納税者 | 未成年者又は成年被後見人の法定代理人配偶者及び4親等以内の親族納税管理人税理士、弁護士、行政書士（行政書士については、その業務として作成できる書類に限る。） |
| | 相続税申告書 | 納税者（共同提出された相続税申告書について、全体を閲覧するためには、共同提出した納税者全員が来署し、全員の氏名が記載された閲覧申請書を提出するか、閲覧申請者を除く共同提出した納税者全員分の委任状及び印鑑証明が必要） | 同上（共同提出された相続税申告書について、全体を閲覧するためには、共同提出した納税者全員分の委任状及び印鑑証明が必要） |
| 死亡した個人に係る申告書等 | 準確定申告書 | 共同提出した相続人（準確定申告書に署名・押印された相続人全員からの申請であるか、一部の者からの申請であるかは問わず、閲覧を認める。） | 同上（準確定申告書に署名・押印された相続人全員の代理人であるか、一部の者の代理人であるかは問わず、閲覧を認める。） |
| | 生前に提出されていた申告書等 | 相続人（相続関係証明書類を持参の上、相続人が複数いる場合に、申告書等を閲覧するには、相続人全員が来署し全員の氏名が記載された閲覧申請書を提出するか、来署しない者全員分の委任状及び印鑑証明が必要） | 同上（相続人が複数いる場合、申告書等を閲覧するには、相続人全員分の委任状、印鑑証明及び相続関係証明書類が必要） |
| 法人に係る申告書等（法人税、法人消費税申告書等） | | 法人の代表者 | 税理士、弁護士、行政書士（行政書士については、その業務として作成できる書類に限る。）当該法人の役員及び従業員 |

（注）申告書等の分類には、それぞれの申告書に係る添付書類及び申請書類を含む。
　　出典：国税庁ホームページ「申告書等閲覧サービスの実施について（事務運営指針）」

## 申告書等閲覧申請書

（様式１－１）

収受
日付印

### 申告書等閲覧申請書

令和　年　月　日

税務署長　殿

（閲覧申請者）

住所又は居所 _____

ふりがな

氏名 _____

電話番号　　　（　　　）

納税者との関係 _____

下記のとおり、申告書等の閲覧を申請します。

記

太枠内の該当する□にチェックするとともに、必要事項を記入してください。

| 閲覧目的 | □　申告書の作成に必要なため<br>□　申告内容や特例等の申請事績などの見直しや確認に必要なため<br>（注）上記以外の目的（金融機関や地方公共団体など第三者からの申告内容の問合せに対する回答等）で閲覧することはできません。 | | |
|---|---|---|---|
| 申告書等に記載された住所・氏名等 | 住所（居所）又は所在地 | | □申請者と同じ |
| | ふりがな<br>氏名（名称） | | □申請者と同じ<br>（生年月日）　　．．． |
| 閲覧対象書類 | 税目等及び閲覧する申告書等の事業年度等 | □所得税　平成・令和　年分～平成・令和　年分<br>□法人税　平成・令和　年　　月期分～平成・令和　年　月期分<br>□消費税　平成・令和　年（　　月期）分～平成・令和　年（　　月期）分<br>□相続税　平成・令和　年　月　日（提出・相続開始）<br>□贈与税　平成・令和　年分～平成・令和　年分<br>□その他（　　　　　　　　）平成・令和　年　月　日～平成・令和　年　月　日 | |
| | 対象書類 | □確定申告書　　□修正申告書　　□その他の申告書〔　　　　　　〕<br>□青色申告決算書・収支内訳書　□申請書等　□添付書類　□その他<br>〔具体的な書類名　　　　　　　　　　　　　　〕 | |
| 写真撮影の希望 | □　次の事項に同意した上で、写真撮影を希望する<br>　□　撮影した写真をその場で確認できる機器を使用すること<br>　（使用する機器：□デジタルカメラ　□スマートフォン　□タブレット　□携帯電話　□その他（　　　））<br>　□　撮影した写真を署員に確認させ、対象書類以外が写り込んでいた場合は署員の指示に従い消去すること<br>　□　撮影した写真は上記の「閲覧目的」以外で利用しないこと | | |

【税務署整理欄】

| 申請者本人確認 | □運転免許証　□健康保険等の被保険者証　□個人番号カード　□住民基本台帳カード（住所が記載されているもの）<br>□在留カード、特別永住者証明書　□その他（　　　　　　　　　　　　　　　）<br>本人確認書類識別番号（個人番号、基礎年金番号及び被保険者等番号等を除く。） | | | | | |
|---|---|---|---|---|---|---|
| 代理権限の確認 | 代理人の区分 | □配偶者・４親等以内の親族　□納税管理人　□税理士・弁護士・行政書士<br>□法人の役員・従業員　□法定代理人（□未成年　□成年） | | | | |
| | 確認書類 | □委任状（実印（届出印）が押印されたもの）　□印鑑証明（署名証明）　□税務代理権限証書<br>□戸籍謄（抄）本又は住民票の写し　□納税管理人の届出書　□税理士証票、弁護士の身分証明書、行政書士証票　□社員証　□その他（　　　　　　　　　　） | | | | |
| 相続人の確認 | □戸籍謄（抄）本（法定相続情報一覧図）　□委任状（実印（届出印）が押印されたもの）　□印鑑証明（署名証明） | | | | | |
| 管理運営部門 | | 申告書等保有部門 | | | マスキング：要　・　否 | |
| 窓口処理 | | 閲覧文書 | | 返却確認 | 写真撮影：有　・　無 | |
| 受付番号 | 処理日 | 窓口担当者 | 担当統括官 | 担当者 | 担当統括官 | 担当者 |
| | ・　・ | | | | □　撮影後の写真確認 | |
| | | | | | 撮り直し：有　・　無 | |
| 整理番号 | | 文書枚数：　　枚<br>綴 | 個人番号の記載：<br>有　・　無 | （備考） | | |

第３章　財産の確定　　213

# 7 贈与税申告書

　相続税の課税価格の計算の上では、相続人等に対する相続開始前最長7年以内の贈与財産は相続財産ではありませんが、含めなければならないものであり、必ず確認しなければならない論点です。

　相続開始前の贈与については、税制改正により令和6年以降に贈与される財産について、相続税の対象になる期間が順次延長され、最終的には相続開始前7年以内に行われた贈与が相続財産に加算されることになります。令和6年以降に「贈与される財産」であることがポイントで、令和6年以降の「相続開始」ではありません。これは、贈与が行われた時点で、今贈与したとして今後3年の間に相続が発生したら相続税の課税価格の対象になるということを分かったうえで贈与を実行していることに対して、税制改正により後出しでその範囲が変わることを防止するためです。よって、徐々に加算対象期間が延びてくると思っていただくとよいかと思います。そのため、いつ相続開始が起きたかにより、加算対象期間が変わりますので、まずはここをきちんと把握するようにしましょう。なお、相続開始前3年より前の期間で加算対象となる期間における贈与については、その期間内の贈与額合計のうち100万円は差し引いて課税価格の加算対象額が計算されますので、この点も忘れないようにしましょう。

【相続前贈与の加算期間の見直しに伴う経過措置のイメージ】

（税制調査会資料）

## 1　贈与税申告書の確認と贈与の事実

　この贈与の確認をする際に、贈与税の基礎控除を超えている贈与であれば、贈与税申告を行っていることになりますので、申告書の控えを入手するのが確実です。

　よく論点として「贈与が成立しているか」ということが挙げられます。当事者の一方が贈与ではないと認識していれば当然に贈与は成立しません。贈与税の申告書の提出があるということは、その贈与の成立自体は当事者間で認識があったのではないかという1つの証拠になりますので、贈与税の基礎控除を超えているようであれば、必ず申告書の有無を確認してください。

　贈与税の申告書の提出がなされていない場合に、贈与が成立していないとは必ずしもいえませんが、当事者間の認識を裏づける大きな要素の1つになります。もし申告書の提出がない場合には、他の資料でその裏づけを取らないと、その財産の移転が貸借なのか名義だけの書換えなのかと事実が定まらなくなる可能性があるため、できる限り資料を集め財産の帰属を詰める必要があります。

相続開始前7年以内の贈与から話を進めてきましたが、財産の帰属という点では、この7年以内に限ったことではありません。財産の真の所有者が誰なのかということは、過去に遡って確認をすることが必要な場面があります。その際に、過去に贈与により財産を形成したということであれば、同様に贈与税の申告の有無等の確認をした方が望ましいといえます。控えがない場合には、先ほどの閲覧申請という方法もありますが、申告書であれば更正、決定等の処理を行うことができる期間を過ぎた古いものは処分されて閲覧できない可能性がありますので、その点には注意してください。

## 2 相続時精算課税制度

贈与に関して、もう1つ重要な論点は、相続時精算課税制度の適用についてです。相続時精算課税制度は、平成15年1月1日より開始され、贈与時の贈与税負担を軽減し、子供世代への贈与を促進させ消費等による経済の活性化を図るために創設された制度です。贈与時の贈与税負担を軽減しながら、財産を受贈者に移転できますが、贈与者の相続時にはその贈与は相続税の計算上は足し戻して計算するという制度になります。つまり、先行して財産だけは移転するが、相続税の計算上は財産の切り離し効果はないというものなのです。そのため、相続時精算課税制度を適用している場合には、この制度によって贈与された財産はすべて相続税の課税価格に算入させる必要があります。

まだ制度ができて20年くらいですので、制度の適用申請を行ったり、制度を利用した贈与を行っているということは記憶にある人も多いと思います。しかし、例えばこの制度を適用したのが、住宅取得資金の為に利用しただけで、その後30年、40年と特に何もせずに時が経過していくと、そもそもこの制度を利用したことを忘れてしまうことも出てくるかと思います。過去の財産の贈与等の経緯や財産の規模等をきちんと相続人等にヒアリングをして確認をし、可能性を探っていかないと漏れてしまう可能性があります。

実際にここ数年でもすでに、当時よくわからないまま、贈与しやすいという理由で相続人が選択していたというケースや、贈与税の申告を実際には親が

行っており、受贈者の子である相続人が知らなかったという事案すら見受けられます。

相続時精算課税制度の適用については、受贈者側の申告、申請となり、過去の閲覧申請が受贈者本人１人でできるため、少しでも可能性がある場合は、これからは積極的に行うべき事項の１つになると思います。

なお、税務署側では、相続時精算課税に関する書類は贈与者の相続税の申告に影響を及ぼす事項であるため、贈与者の相続開始までは書類の保存がされています。その後も贈与者の相続税の更正、決定等を行うことができる期間までは少なくとも書類が保管されることになり、相続時精算課税を見逃した相続税申告は誤りが明らかになりますので、税務調査の可能性もかなり高くなります。必ず気をつけるべき論点の１つになります。

## 3　贈与税申告についての開示請求

相続税の計算構造上、被相続人の財産や相続開始前３年以内の相続人等に対する贈与、相続時精算課税制度の適用を受けた贈与など、すべてを把握した後、相続人等がそれらの財産等をどれだけ取得したかの比率にて、各人の税額が決まることになります。いわば相続に関係する人たちを１つのグループとして考えています。

しかし、残された財産に関してはわかりますが、生前に贈与された財産については、受贈者から積極的に開示してもらえない限り、他の相続人等がわかり得ない部分もあります。相続は時には財産をめぐって争うこともあるくらいなので、関係者の関係性が良くなければなおさらでしょう。また、他の相続人に知られたくない場合や、純粋に忘れてしまっているということもあり得ます。

後からこれらの贈与が発覚した場合、相続税の課税価格が少なかったということから修正申告を行ったり、その場合に加算税や延滞税などのペナルティが課されることにもつながります。贈与を受けていない他の相続人等からすると、制度をきちんと理解せずきちんと申告をしなかった他の親族のせいで、ペナルティが課されることになったら納得できない部分もあるでしょう。

第３章　財産の確定　217

このような不利益を解消させるため、相続税の課税価格に影響を与える相続開始前3年以内（今後最長7年）の相続人等に対する贈与や相続時精算課税制度の適用を受けた贈与に関しては、他の相続人等から税務署に対して、過去の申告状況について開示請求をすることができます。もちろん、相続税の申告等を適正に行うためという理由になりますので、今回の相続の関係者であることを証明する必要があるため、遺産分割協議書や遺言書の写しなどの提出が必要です。

## 相続税法第 49 条第 1 項の規定に基づく開示請求書

### 相 続 税 法 第 49 条 第 1 項 の 規 定 に 基 づ く 開 示 請 求 書

_____ 税務署長　　　　　　　　　　　　　　　　　　　令和　　年　　月　　日

| 【代理人記入欄】 | | 開示請求者 | 住所又は居所（所在地） | 〒 |
| 住　所 | | | 連　絡　先 | ※連絡先は日中連絡の可能な番号（携帯電話等）を記入してください<br>Tel.（　　　　－　　　　－　　　　） |
| 氏　名 | | | フ リ ガ ナ | |
| | | | 氏名又は名称 | |
| 連絡先 | | | 個 人 番 号 | \|　\|　\|　\|　\|　\|　\|　\|　\|　\|　\|　\|　\| |
| | | | | 被相続人との続柄 |

　私は、相続税法第49条第1項の規定に基づき、下記1の開示対象者が平成15年1月1日以後に下記2の被相続人からの贈与により取得した財産で、当該相続の開始前3年以内に取得したもの又は同法第21条の9第3項の規定を受けたものに係る贈与税の課税価格の合計額について開示の請求をします。

**1　開示対象者に関する事項**（相続又は遺贈により財産を取得したすべての人（開示請求者を除く。）を記載してください。）

| 住所又は居所（所在地） | |
| 過去の住所等 | |
| フ リ ガ ナ | |
| 氏名又は名称（旧　姓） | |
| 生 年 月 日 | |
| 被相続人との続柄 | |

| **2　被相続人に関する事項** | | **3　承継された者(相続時精算課税選択届出者)に関する事項** | |
|---|---|---|---|
| 住所又は居所 | | 住所又は居所 | |
| 過去の住所等 | | フ リ ガ ナ | |
| | | 氏　　名 | |
| フ リ ガ ナ | | 生 年 月 日 | |
| 氏　　名 | | 相続開始年月日 | 平成・令和　　年　　月　　日 |
| 生 年 月 日 | | 精算課税適用者である旨の記載 | 上記の者は、相続時精算課税選択届出書を<br>　　　　署へ提出しています。 |
| 相続開始年月日 | 平成・令和　　年　　月　　日 | | |

**4　開示の請求をする理由**（該当する□に✓印を記入してください。）
　相続税の　□ 期限内申告　□ 期限後申告　□ 修正申告　□ 更正の請求　に必要なため

**5　遺産分割に関する事項**（該当する□に✓印を記入してください。）
　　□　相続財産の全部について分割済（遺産分割協議書又は遺言書の写しを添付してください。）
　　□　相続財産の一部について分割済（遺産分割協議書又は遺言書の写しを添付してください。）
　　□　相続財産の全部について未分割

**6　添付書類等**（添付した書類又は該当項目の全ての□に✓印を記入してください。）
　　□ 遺産分割協議書の写し　　　□ 戸籍の謄（抄）本　　　□ 遺言書の写し　　　□ 委任状
　　□ 住所地等が確認できる書類の写し（送付受領を希望の場合）　　□ その他（　　　　　　　　　　　）
　　□ 私は、相続時精算課税選択届出書を　　　　　　　署へ提出しています。

**7　開示書の受領方法**（希望される□に✓印を記入してください。）
　　□ 直接受領（交付時に請求者又は代理人であることを確認するものが必要となります。）
　　□ 送付受領（送付先：□ 開示請求者・□ 代理人）（請求時に返信用切手、封筒が必要となります。）
　　(注) 代理人の住所地（事業所）への郵送を希望される場合は、代理人の住所地等が確認できる書類の写しが必要となります。

**※　税務署整理欄**（記入しないでください。）

| 番号確認 | 身元確認 | 確認書類 | 個人番号カード / 通知カード・運転免許証<br>その他（　　　　　　　　　） | | | 確認者 |
|---|---|---|---|---|---|---|
| | □済<br>□未済 | | | | | |
| 委任状の有無 | □ 有・□ 無 | 開示請求者への確認 | □ 無・□ 有（　・　・　） | | | |

（資4－90－1－A4統一）　（令6.6）

第 3 章　財産の確定　　219

## 相続税法第 49 条第 1 項の規定に基づく開示請求書付表

### 相続税法第49条第1項の規定に基づく開示請求書付表

| | 開示請求者(代表者)の氏名 | |
|---|---|---|

**1 開示対象者に関する事項（開示対象者が5人以上いる場合に記入してください。）**

| 住所又は居所<br>（所在地） | |
|---|---|
| 過去の住所等 | |
| フ リ ガ ナ | |
| 氏名又は名称<br>（旧　姓） | |
| 生 年 月 日 | |
| 被相続人との続柄 | |

| 住所又は居所<br>（所在地） | |
|---|---|
| 過去の住所等 | |
| フ リ ガ ナ | |
| 氏名又は名称<br>（旧　姓） | |
| 生 年 月 日 | |
| 被相続人との続柄 | |

**【開示請求者】（開示請求者が2人以上の場合に記入してください。）**

| | 1 | 2 |
|---|---|---|
| 住 所 又 は 居 所 | 〒　　　　電話（　－　－　） | 〒　　　　電話（　－　－　） |
| フ リ ガ ナ | | |
| 氏　　　名 | | |
| 個 人 番 号 | | |
| 生 年 月 日 | | |
| 被相続人との続柄 | | |

| | 3 | 4 |
|---|---|---|
| 住 所 又 は 居 所 | 〒　　　　電話（　－　－　） | 〒　　　　電話（　－　－　） |
| フ リ ガ ナ | | |
| 氏　　　名 | | |
| 個 人 番 号 | | |
| 生 年 月 日 | | |
| 被相続人との続柄 | | |

**※　税務署整理欄（記入しないでください。）**

| | 1 | | |
|---|---|---|---|
| 番号確認 | 身元確認 | 確認書類 | |
| | □ 済<br>□ 未済 | 個人番号カード ／ 通知カード・運転免許証<br>そ の 他 （　　　　　　） | |

| | 2 | | |
|---|---|---|---|
| 番号確認 | 身元確認 | 確認書類 | |
| | □ 済<br>□ 未済 | 個人番号カード ／ 通知カード・運転免許証<br>そ の 他 （　　　　　　） | |

| | 3 | | |
|---|---|---|---|
| 番号確認 | 身元確認 | 確認書類 | |
| | □ 済<br>□ 未済 | 個人番号カード ／ 通知カード・運転免許証<br>そ の 他 （　　　　　　） | |

| | 4 | | |
|---|---|---|---|
| 番号確認 | 身元確認 | 確認書類 | |
| | □ 済<br>□ 未済 | 個人番号カード ／ 通知カード・運転免許証<br>そ の 他 （　　　　　　） | |

(資4－90－2－A4統一)　（令3.3）

# 8 その他の資産の確認

　相続というと主に現預金、有価証券、不動産が中心になることが多いですが、これらの他にも自宅の中には宝石類や書画骨董、地金などの動産や車、その他ゴルフ会員権や債権など様々な財産があります。これらについては、過去の通帳や現金の資金用途などを確認することや、自宅を拝見する際に、金銭的な価値がありそうなものについて気づくことが必要です。

　お客様はどこまで申告しなければならないかと不安がると思いますが、財産評価基本通達により、家庭用動産等で1個または1組の価額が5万円以下のものについては、それぞれ一括して一世帯ごとに評価することができるとされていることから、1個あたりの時価、ここでは売却した場合の時価を想定して超えそうもなければまとめて評価となりますので、細かいものまでは確認する必要は実務的にはありません。

## 1 宝石類や書画骨董などの評価

　宝石類や書画骨董などは、売買実例価額や精通者意見価格等により評価をします。購入の際には売主側は事業として行っており、利益が多く乗せられていますが、一般の方が売却する際にはその利益を乗せることはあまり考えにくいので購入時の金額とかなりの差が出ることもよくあります。

## 2 車両の評価

　被相続人が車両を所有していた場合には、個別に評価をすることが必要になります。車両については、一般動産とは異なり、中古車市場が形成されていることから、実際に売却をしたらいくらくらいの価値になるかということを算定する必要があります。具体的には、買取り業者の評価額を参考に相続税評価額を算定します。通常、買取り依頼をするときには、車種、グレード、登録年月、

第3章　財産の確定　　221

次の車検前の期間、色、走行距離、傷の有無などの車の状況などが情報として必要になりますので、これらの情報を取得するとよいでしょう。車検証の写しを確認するとともに、実際に見ることができれば写真等を撮るようにするとよいと思います。

# 3 ゴルフ会員権の評価

　ゴルフ会員権は入会時に多額の資金を要することが多く、客観的な価値を有すると認められるため個別に評価をする必要があります。評価については、取引相場があるか否か、株主でないと会員になれないか、預託金があるかどうかなどにより変わってきます。これらを調べるには、ゴルフ会員権の会員証や約款などを確認します。またゴルフ場のホームページや流通業者にも会員権に関する概要が載っていることが多いので、これらも確認するとよいでしょう。

　ゴルフ会員権の評価で一番多いのは取引相場のあるゴルフ会員権になります。会員権業者での取扱いがあれば会員権業者のホームページ等に流通参考価格が載っていますので、通常はこれらの価格を用いて評価を行います。その際、休日会員、平日会員など会員種別がある場合には、評価が異なりますので会員証等を確認する際にはこれらの点も注意しましょう。評価を行う際に一番悩む点として預託金の取扱いがあります。取引価格に含まれない預託金等があるときは、会員権本体とは別に預託金部分の価値も含めて評価を行います。預託金に関しては会員権募集当時は返還前提であっても、その後のゴルフ場の運営上の問題から実際には返還が行われる時期が延期され具体的な期日が定まっていないことも多くあります。そのような場合には、取引価格の算定の中にこの不確定な要素が含まれていますので、別途評価をする必要はありません。一方で、直ちに返還されることが明確になっていたり、将来具体的な日時を定めて返還の合意がされている場合などは評価をする必要があります。ただし、ゴルフ会員権における預託金については、通常優先利用権とセットで取引がされており、流通相場においては預託金の返還可能性を含めて価格が設定されている可能性がありますので、流通相場の内容や前提をよく理解した上で評価を行うことが

必要です。なお、取引相場がない場合には、その会員権の形態により非上場株式の評価に準じて評価を行ったり、預託金の現在価値で評価を行ったりします。

## 4 相続開始後の入金

相続開始後に被相続人の口座または相続人の口座の入金記録を確認すると、被相続人が受け取るべきお金の振込が見つかることがあります。相続人は、どこまでが相続財産か理解しづらい部分がありますので、通帳を見ながら相続人に聞き取りを行うと確認がしやすくなります。よく出てくる内容としては、以下のものが挙げられます。

- ・高額療養費の還付金
- ・老人ホーム等の精算金
- ・後期高齢者医療保険料の還付金
- ・介護保険料の還付金
- ・医療保険の入院保険金等

相続開始後には、社会保険関係や税金関係など様々な手続きをする必要があります。その際に、不足があれば納付、支給や前払い分があれば還付という手続きが行われますので、通帳を手掛かりに資料を確認する必要があります。

この中でも高額になりがちなのが、老人ホーム等の精算金です。老人ホーム等の入居時には一時金を支払うことが多く、入居した老人ホーム等との契約内容や規約によって変わりますが、これらの一時金は老人ホームの入居期間に応じて償却されて入居から退去までの期間が短い場合には、返金されることがあります。この返金については、元々の入居金の支払いを被相続人がしているものであれば、被相続人にかかる未収入金として相続財産に計上することになりますので、老人ホーム等に入居していた場合には、規約や精算書等を確認することになります。

第3章 財産の確定　223

# **9 債務の確認**

　相続は、財産だけでなく債務も承継する必要があり、相続税の計算上も課税価格の減額材料になりますので、漏らさず確認することが必要です。

　債務というと借入金を通常イメージしますが、事業を行っている人でなければ、あまり多く出てきません。先ほども触れましたが、住宅ローンであれば団体信用生命保険で通常借入が返済されることになるので、これも債務としては認識しません。

　残りの債務となりますと、よく出てくる内容としては以下のものが挙げられます。

・未払税金（所得税、住民税、消費税、固定資産税など）
・未払社会保険料（後期高齢者医療保険料、介護保険料など）
・未払金（介護費用、入院費用、公共料金など）

## 1　未払所得税・住民税・消費税の確認

　年の途中で相続開始となり、所得税の納税義務がある場合は、確定申告を行わなければなりません（準確定申告）。これは被相続人の納税義務を最後に精算する目的となりますので、被相続人の債務に該当します。そのため、準確定申告を行った場合の納税額は、相続税の課税価格の計算上は債務として控除できます。なお、準確定申告を行ったことにより、所得税が還付される場合には、未収入金として財産に計上します。住民税については、前年の所得について、納税しますので未払いの住民税がある場合は、債務として控除できます。

　例えば、相続開始が３月頃までに起こった場合には、その前年の所得の所得税申告の申告期限前になるため、前年の所得税の申告も行う必要が出てきます。そうなると住民税は、１月１日現在の住所地に所在する市区町村に支払うもの

224

であるため、3月であれば、

① 前年1年間の所得税

② 1月1日から相続開始日までの期間についての所得税

③ 前年1月1日現在の住民に対して課せられる住民税の分割納付の未払分

④ 前年分の所得税申告にかかる今年の1月1日現在の住民に対して課せられる住民税1年分

の計4種類の未払税金が発生する可能性がありますので、特に3月くらいまでの相続開始については、慎重に確認しなければなりません。事業を行っていた人で消費税の納税義務がある場合は、消費税も同様に債務として計上できます。

## 2 未払固定資産税等

　不動産を所有している人であれば、未払いの固定資産税・都市計画税の債務計上を確認する必要があります。未払固定資産税等はその年の1月1日現在の所有者に対してその年の1年分の納税義務が発生します。しかし、実際に課税の通知が手元に届くのは5月〜6月となります。そのため、所得税の不動産所得等の所得計算上の損金算入などのタイミングと混乱してしまいがちですが、あくまで納税義務者は前述のとおり、1月1日時点での所有者となります。そうなると、年の前半で相続開始が発生した場合には、未払いになる可能性が高くなります。納税義務者である被相続人が納税を終えていなければ相続税の計算上は債務となりますのでこれらを漏らさないようにしましょう。

　納税額については、納税通知書を確認すれば間違いないですが、もし見当たらないといった場合でも、名寄帳などに納税額の記載がありますので、これらで確認することもできます。

　不動産を共有している場合は、納税通知書は代表者にのみ送られてくることが多いですが、これは手続き上の観点でそのようにしているだけで、あくまで納税義務者はそれぞれ共有者が負っています。そのため、債務計上する場合には、持分を考慮するという点に注意してください。

第3章　財産の確定　　225

## 3 未払社会保険料等

　被相続人に係る後期高齢者医療保険料や介護保険料なども、未払分があれば納付しなければならず、相続税では債務控除の対象となります。年金からの特別徴収や口座振替など納付をきちんとしている場合は、未払いではなく還付になる可能性が高いので、対象期間と相続開始後の入出金から還付か納付かを確認することになります。

## 4 未払金の確認

　債務控除の対象となる債務は、「被相続人の債務で相続開始の際現に存するもの」とされていることから、被相続人が本来払うべきであったもので後日相続人等が支払ったものが対象となります。そのため、相続開始時点において被相続人が負っていた債務で支払いだけ履行されていないものが該当します。一般的には介護にかかった費用や入院費用、自宅の公共料金など、債務は相続開始時点で確定していたものの支払い手続きだけが相続開始後になったものが該当することになります。請求書等から請求内容や対象期間を確認して控除する必要があります。

　一方、相続開始に伴い、相続人等がその手続きを行うためにかかった費用は被相続人の債務には該当しませんので債務控除の対象になりません。例えば、相続人確定のための戸籍謄本等の取得費用、残高証明書の取得費用、保険請求のための病院に支払う文書料などはすべて債務控除の対象になりません。

　また、「相続開始の際現に存するもの」となっていることから、保証債務は債務控除の対象とはなりません。被相続人が誰かの保証人になっている場合はその保証人という立場は相続人等に地位が承継され潜在的な債務を負う可能性はありますが、相続開始時点では実現していない状況ですので、債務控除の対象とはなりません。ただし、主たる債務者が弁済不能の状態にあるため、保証債務者がその債務を履行しなければならない場合で、かつ、主たる債務者に求償して返還を受ける見込みがない場合には、主たる債務者が弁済不能の部分の

金額は、当該保証債務者の債務として控除することが認められていますので、保証債務の実現可能性が高い場合は、慎重に確認する必要があります。

# 10 葬式費用

　葬式費用については、被相続人が負っている債務ではありませんが、債務控除の対象となります。葬式費用の範囲については、相続税法基本通達 13-4 および 13-5 により以下のように定められています。

＜葬式費用として認められるもの＞
(1) 葬式若しくは葬送に際し、又はこれらの前において、埋葬、火葬、納骨又は遺がい若しくは遺骨の回送その他に要した費用（仮葬式と本葬式とを行うものにあっては、その両者の費用）
(2) 葬式に際し、施与した金品で、被相続人の職業、財産その他の事情に照らして相当程度と認められるものに要した費用
(3) (1) 又は (2) に掲げるもののほか、葬式の前後に生じた出費で通常葬式に伴うものと認められるもの
(4) 死体の捜索又は死体若しくは遺骨の運搬に要した費用

＜葬式費用に該当しないもの＞
(1) 香典返戻費用
(2) 墓碑及び墓地の買入費並びに墓地の借入料
(3) 法会に要する費用
(4) 医学上又は裁判上の特別の処置に要した費用

## 【死亡してからの流れと葬式費用の該当性】

例：病院で死亡し、仏式の葬儀を行うケースで考えた場合

| 内容 | 葬式費用の該当可否 | 備考 |
|---|---|---|
| 病院から葬儀会場までの回送費 | ○ | |
| 通夜 | ○ | 葬儀社への支払いの他、当日に通常要する飲食代、生花代、車代、お手伝いに対する謝礼、会葬御礼なども含みます |
| 告別式 | ○ | |
| 火葬 | ○ | |
| 初七日法要 | × | 法会に関する費用のため葬式費用に該当しません |
| 墓地、墓石の購入 | × | 葬式とは関係ないため、該当しません |
| 四十九日法要 | × | 法会に関する費用のため葬式費用に該当しません |
| 納骨 | ○ | 納骨にかかる実費部分のみ該当 |
| 香典返し | × | |
| 一周忌法要 | × | 法会に関する費用のため葬式費用に該当しません |

## 1 火葬までの期間における費用の取扱い

　亡くなられてから火葬までのところが多くの人がイメージする葬儀の内容だと思います。この期間における費用は原則として社会通念上相当な金額の範囲内であれば葬式費用として控除が認められます。

　よくお寺などへのお布施、戒名料、読経料などは「領収証がないですが大丈夫ですか？」と質問されますが、支払った先の住所、お寺等の名前、日付、金額等を記載したメモを相続人等からもらえれば問題ありません。もちろん領収証がある場合には確認します。

　もう1つよく聞かれる論点として挙げられるのが、香典と香典返しの取扱いです。いただいた香典が社会通念上相当な金額であれば、これは相続税、所得税、贈与税いずれも非課税の扱いとされています。よって、これは相続人等がそのまま受領して問題ありません。このように香典に対して何も課税がされない取扱いになっているため、香典返し（一般にいただいた香典の半額程度をお返しするもの）は相続税の計算上は葬式費用に該当しません。

第3章　財産の確定　229

それでは、通夜や告別式の参列者に対して当日に渡す会葬御礼についてはどうでしょうか。これはあくまで参列した人に対するお礼であって、一律に葬儀当日に渡すものであり、いわば必ずかかる費用といえます。そのため、これは葬式費用に該当します。香典返しとの違いは、香典の額によってお返しするものが異なったり、そもそもいただいた香典に対するお礼であるため、非課税のものに対してかかる費用とは内容が大きく異なるということです。

　ただし、最近では香典返しをすることが相続人等からすると負担になることもあり、香典返しを行わず会葬御礼に香典返しとしての内容を含めているようなケースは実質的に香典返しとされる可能性があります。

## 2　初七日以降の取扱い

　初七日以降は葬式とは別の法会に関するものとなりますので、初七日、四十九日、一周忌の法要すべて葬式費用には該当しません。相続人等が故人のことを思って行うものであり、また宗教や宗派によっても取扱いが異なりますので葬式費用には入らないことになります。

　初七日以降で唯一、葬式費用に該当する可能性があるものとして納骨費用が挙げられます。仏式で多くみられるのが四十九日法要に併せて納骨を行う場合です。納骨については、気持ちと関係なく法律で管理されたところに納める必要があるため、納骨にかかった直接費用は葬式費用として認められます。

　なお、この際に法要を行うなどした場合には、納骨そのものには直接影響がないため、ここでいう納骨費用は、一般的には石材店等に支払う費用と考えておいた方がよいでしょう。

# 重要資料索引

## あ

遺言書 ································ 69

遺産分割協議書 ···················· 74

## か

介護保険被保険者証 ·············· 173

改製原戸籍謄本 ················ 36, 39

金融機関の名義変更に必要な資料 ········ 82

減価償却費の計算明細 ············ 202

建築計画概要書 ·················· 155

公図 ····························· 137

公正証書遺言 ······················ 56

顧客勘定元帳 ···················· 182

国外財産調書 ···················· 208

戸籍謄本 ·························· 30

戸籍謄本・住民票の写し等職務上請求書

································ 46

戸籍の附票 ······················ 44

固定資産税課税証明書 ············ 122

## さ

財産債務調書 ···················· 206

財産目録を利用した遺言書 ·········· 61

初回報告提出資料 年間収支予定表

································ 95

除籍謄本 ·························· 40

申告書等閲覧申請書 ·············· 213

相続税法第49条第1項の規定に基づく

開示請求書 ···················· 219

相続税法第49条第1項の規定に基づく

開示請求書付表 ················ 220

相続届 ···························· 84

## た

貸借対照表 ······················ 200

建物図面 ························· 142

地積測量図 ······················ 140

定期報告提出資料 後見等事務報告書 ··· 97

定期報告提出資料 財産目録 ········ 96

登記識別情報通知 ················ 121

登記簿謄本（区分所有建物） ······ 134

登記簿謄本（建物） ·············· 131

登記簿謄本（土地） ·············· 128

道路境界確定図 ·················· 152

道路台帳 ························· 151

都市計画情報 ···················· 161

都市計画図 ······················ 160

土地利用計画図（開発登録簿） ········ 154

## な

名寄帳 ··························· 125

## は

評価倍率表 ······················ 146

ブルーマップ ···················· 138

法定相続情報証明 ················· 49

法定相続情報証明の委任状 ·········· 50

保険金額等支払内容のお知らせ ····· 193, 194

## ま

目論見書の信託財産留保額等の記載

································ 187

## や

預金通帳 ································· 102, 104, 108, 110

## ら

路線価図 ······································· 144

## 【著者略歴】

**中島　朋之（なかじま　ともゆき）**

アクタス税理士法人　シニアパートナー
税理士　行政書士　CFP　一級ファイナンシャルプランニング技能士

　1978 年東京都生まれ。横浜国立大学経済学部卒業、横浜国立大学大学院国際社会科学研究科博士課程前期修了後、2003 年にアクタスマネジメントサービス株式会社、アクタス税理士法人（旧：ASG 税理士法人）入社。2016 年にアクタス税理士法人のパートナー就任。

　法人の税務・会計コンサルティング業務、個人所得税業務、相続業務に従事。近年は特に相続業務を中心とした活動を行い、ご相続人様の立場に立ち、円満な相続の実現に向けた提案を心掛け、毎年数多くの遺産分割、相続税申告業務を行っている。

　総合型の事務所の経験を活かし、法人税・所得税・資産税を総合的に検討した同族会社の事業承継や相続対策の案件にも多く携わり、その後の法人や個人の顧問業務も継続的に行うことにより信頼できる税務専門家として長期にわたるパートナーを目指している。

　また、相続に関連したセミナー講師も数多く行っている。

### アクタス税理士法人

　アクタスは、税理士、公認会計士、社会保険労務士、システムコンサルタントなど約240 名で構成する総合コンサルティングファームで、東京 2 拠点（赤坂・立川）・大阪・長野の計 4 拠点で活動している。中核となる「アクタス税理士法人」では、税務申告、連結納税、国際税務、相続申告など専門性の高い税務コンサルサービスを提供している。税務会計分野に加えて、人事労務、システムの領域も含めたアクタスグループの総合力で圧倒的な専門力を提供し、お客様の経営課題に取り組んでいる。

　「常にお客様の立場で考え、独創的な発想で、満足度の高いサービスを提供し、お客様の成長と発展のために行動する」ことをモットーとしている。

------------------------------------------------------------

連絡先
アクタス税理士法人
〒 107-0052　東京都港区赤坂 4-2-6　住友不動産新赤坂ビル 2F
電話　03-3224-8888
FAX　03-5575-3331
URL：https://www.actus.co.jp/
Mail：info@actus.co.jp

はじめて相続を扱う税理士のための
# 相続税申告に係る資料の収集と分析［第3版］

| 2018年 4月15日 | 初 版 発 行 |
|---|---|
| 2018年 7月15日 | 初版2刷発行 |
| 2019年 4月15日 | 初版3刷発行 |
| 2019年12月15日 | 第 2 版 発 行 |
| 2025年 4月30日 | 第 3 版 発 行 |

| 著 者 | 中島朋之 |
|---|---|
| 発 行 者 | 大坪克行 |
| 発 行 所 | 株式会社 税務経理協会<br>〒161-0033東京都新宿区下落合1丁目1番3号<br>http://www.zeikei.co.jp<br>03-6304-0505 |
| 印 刷 | 株式会社技秀堂 |
| 製 本 | 牧製本印刷株式会社 |
| デザイン | 株式会社グラフィックウェイヴ |
| 編 集 | 中村謙一 |

本書についての
ご意見・ご感想はコチラ

http://www.zeikei.co.jp/contact/

本書の無断複製は著作権法上の例外を除き禁じられています。複製される場合は、そのつど事前に、出版者著作権管理機構（電話03-5244-5088，FAX03-5244-5089, e-mail: info@jcopy.or.jp）の許諾を得てください。

JCOPY ＜出版者著作権管理機構 委託出版物＞
ISBN 978-4-419-07252-0　C3034

© 中島朋之 2025 Printed in Japan